LES DEUX FRANCE

VINCENT JEANBRUN

LES DEUX FRANCE

Albin Michel

À Mélanie, si forte et courageuse, et à mes merveilleux enfants. Vous êtes ma source d'énergie inépuisable, ma raison de me battre chaque jour. Votre amour et votre soutien sont le moteur qui me propulse en avant. Ce livre vous est dédié, pour tout ce que vous représentez dans ma vie.

Avec tout mon amour.

Avant-propos

J'ai beaucoup hésité à faire ce livre. Parce que cette histoire n'est pas seulement la mienne. Elle est d'abord celle de mes enfants, celle de Mélanie. Quel exercice difficile que de se replonger dans la description d'un moment si marquant, si destructeur, si décisif...

On se dit que ça n'arrive qu'aux autres. Et pourtant, en une fraction de seconde, me voilà sur le devant de la scène. Une scène de crime.

En une nuit, notre vie a changé. Rien ne sera plus jamais comme avant.

L'attaque que nous avons vécue avec ma famille, dans ce contexte fou des émeutes, n'a cessé de me renvoyer à qui je suis et à mes devoirs.

Le père de famille.

Le maire.

Le responsable politique.

Les nuits précédentes, j'ai vu la France mise à genoux par les émeutiers et attaquée par ses propres enfants. Cette nuit-là, j'ai cru tout perdre.

Au lever du jour, le stress, la peur et l'angoisse laissent place à la culpabilité du père qui a mis sa famille en danger ; au sentiment d'impuissance du maire, si seul devant la tâche ; et à la tristesse de l'enfant des tours HLM qui voit son idéal républicain fracassé sur une réalité cruelle. Tout me murmurait d'abandonner.

Fallait-il encore croire en la France ?

C'est par le souvenir de mes grands-parents italiens à qui notre pays a tant donné, c'est par la voix de tous nos amis qui m'encouragent à ne pas lâcher, c'est par ces dizaines de milliers de messages qui témoignent leur solidarité et, bien sûr, c'est par les mots puissants et l'énergie communicative de Mélanie que je me reprends.

Et si, au contraire, c'était le moment d'y croire encore plus ?

À travers ce livre, j'ai voulu mettre des mots sur ce qui s'est produit cette nuit-là. Raconter notre histoire pour qu'elle ne soit pas celle d'autres innocents demain. Parler des nuits d'avant, des mois et des années qui nous ont menés jusque-là. J'y dévoile une part de mon histoire personnelle, j'y décris la genèse de mon engagement politique comme des bribes de mon enfance – les plus marquantes.

Comment en sommes-nous arrivés là ?

Cette question renvoie à des problématiques bien précises qui rongent silencieusement notre société, et que je tente de décrire. Elles vont de la démission de l'État – notre État – aux tensions entre communautés que la situation internationale ne fait qu'aggraver.

Avec le temps j'ai compris que nous n'avons pas tous la même perception de ce qui ressemble à un effondrement. Il y a en réalité deux France, l'une qui génère du désordre, l'autre à bout de souffle qui tente de résister et de sauver ce qui peut encore l'être. Deux France face à face, celle du chaos face à celle du sursaut.

En acceptant de me prêter au jeu, de raconter avec des précisions inédites l'histoire de ce qui a été une véritable insurrection, celle de cet été 2023, je veux écarter tout risque de l'oublier. Et je veux léguer une conviction plus ancrée que jamais : nous allons gagner !

1.

Le silence avant la tempête

Un samedi de début d'été. Ma fille s'apprête à fêter son cinquième anniversaire, entourée de sa bande de copines. Nous avons préparé les accessoires indispensables à la fête. Des ballons de toutes les couleurs décorent la véranda, une piñata a été suspendue. Le gâteau, les confiseries et les boissons sont disposés sur une table ornée de serviettes en papier aux motifs de licornes multicolores…

À l'extérieur de la maison, il fait beau et doux, le ciel est dégagé. Ma chienne, un berger belge, pique une sieste dans l'herbe, loin du brouhaha et des cris suraigus. Une lumière douce se diffuse à travers les vitres. Le bonheur ?

En fait, j'ai peur.

J'aimerais tellement pouvoir profiter pleinement de ce moment, mais je n'y arrive pas. Je suis épuisé. Déjà trois nuits sans sommeil. Tout me ramène par contraste aux nuits d'émeute que nous venons de vivre.

Les parents, qui ont déposé leurs enfants, m'ont souhaité bon courage. Ils sont partagés entre inquiétude, fatalisme et colère sourde. Je tâche néanmoins de faire *bella figura* comme on dit dans ma famille. Je souris à ma fille. J'aimerais tant rester. Mais c'est bientôt l'heure.

Ma compagne, Mélanie, est aussi très inquiète. Elle aimerait que je sois auprès d'eux ce soir.

Elle promet de m'appeler toutes les heures pour avoir de mes nouvelles, je tente de la rassurer en lui disant que c'est moi qui l'appellerai s'il se passait quelque chose.

Sur un ton affectueux, je dis à mon fils en partant : « Bon, c'est toi le grand ce soir, veille bien sur ta sœur et ta mère ! » Cette phrase anodine l'a tellement marqué...

Je monte dans ma voiture.

Il est 19 heures environ, le trajet jusqu'à la mairie dure une poignée de minutes. Les rues qui mènent au centre-ville sont quasiment désertes. J'ai signé un arrêté de couvre-feu la veille. C'est l'ambiance d'une ville en état de siège. Au fur et à mesure que je me rapproche de l'hôtel de ville, les mêmes stigmates des nuits passées, les mêmes ravages injustifiables défilent devant moi.

Toutes les vitres des abribus ont disparu. Des planches en bois recouvrent les vitrines brisées des devantures des magasins. Les restes noirâtres des poubelles calcinées des nuits précédentes sont encore incrustés sur la chaussée.

Au fond de moi, je ressens une profonde tristesse. Celle de voir mon pays meurtri, de voir un État impuissant face à de telles exactions. À cela se mêle peu à peu un sentiment de malaise, je sais que ce soir cela risque de recommencer. Mais nous devons tenir.

Je me gare à quelques rues de la mairie, en espérant que ma voiture y sera épargnée. Tant d'autres ont déjà brûlé.

Je fais le reste du trajet à pied et rejoins le poste de police municipale qui se trouve au rez-de-chaussée de l'hôtel de ville. Mon directeur de cabinet à la mairie, François, m'y attend. Nous allons saluer les policiers à l'intérieur, déjà en train de s'équiper. Gilets pare-balles et casques lourds, flash-balls, boucliers de protection. Ils ont les traits tirés, ils sont épuisés par toutes ces nuits sans sommeil, mais ils sont encore là.

Tous se sont portés volontaires. Ils pourraient être chez eux, auprès de leur famille. Mais leur sens du devoir, leur honneur, les poussent à être là. Ils connaissent les enjeux, l'hôtel de ville ne doit pas tomber ce soir. Une petite poignée d'hommes et de femmes, à un contre dix, un contre vingt au paroxysme des attaques, a défendu vaillamment la ville. Car c'est bien de cela qu'il s'agit : cela fait déjà deux nuits d'affilée que les émeutiers tentent, assaut après assaut, d'incendier la mairie. Des individus ultra-déterminés prêts à tout, surtout au pire. Pris pour cible par de nombreux tirs de mortier, des jets de cocktails Molotov, certains des policiers ont même été aspergés d'essence la veille. Un miracle qu'ils n'aient pas été transformés en torches humaines.

Face au chaos et à la haine, animés par un devoir qui dépasse le cadre de leurs simples fonctions, ils sont l'ultime rempart.

À mes yeux, ces huit policiers municipaux sont des héros.

Parfois les mots ne veulent plus rien dire, mais c'est le seul qui me vient à l'esprit lorsque je pense à eux et à ce qu'ils ont accompli. Je le leur dis. Je leur dis ma gratitude. Mon admiration. J'ai vu, grâce à leurs caméras-piétons, les images des nuits précédentes, lorsqu'ils étaient sur le terrain. Ils ont vécu des véritables scènes de guerre.

Certains d'entre eux, anciens militaires, m'ont raconté n'avoir affronté pareilles situations que lors des grands conflits à l'étranger.

Pourtant, nous sommes dans la commune de L'Haÿ-les-Roses, à quelques kilomètres au sud de Paris, le samedi 1er juillet 2023. Dans d'autres villes, la situation a été bien pire, des mairies sont déjà tombées, des écoles, des centres culturels… Des centaines de bâtiments publics ont été détruits, des milliers de voitures ont été brûlées. Les dégâts sur la voie publique sont considérables. Cela fait quatre nuits que nous vivons dans le chaos. Des nuits bercées par les détonations des mortiers d'artifice, arme préférée des émeutiers en plus des cocktails Molotov ou encore des barres à mine.

Comme dans des dizaines d'autres villes en France, la mort d'un jeune homme à Nanterre, tué par un policier suite à son refus d'obtempérer, a servi de prétexte pour libérer dans nos rues une vague de haine inouïe.

Nous nous préparons à vivre notre cinquième nuit d'enfer. Après mes quelques mots de remerciement et d'encouragement, le chef de la police municipale entame un briefing tactique. Je frissonne malgré la chaleur étouffante du poste. La scène aurait tout d'une série policière, si elle n'était pas si cruelle de réalité. Tous les scénarios sont envisagés. Comment tenir si les émeutiers attaquent l'hôtel de ville par l'arrière ? Que faire s'ils réussissent à pénétrer alors que nous sommes à l'intérieur ? Comment gérer les débuts d'incendie ?

Depuis la première attaque, les agents municipaux sont venus y déposer un stock de plusieurs dizaines d'extincteurs. Il suffit qu'un cocktail Molotov traverse une vitre, qu'un mortier d'artifice embrase un fauteuil ou un bureau, qu'ils parviennent à déverser leurs bidons d'essence dans le hall pour que toute la mairie parte en fumée. Comme la veille, j'enfile à mon tour un gilet pare-balles et récupère un casque lourd. Je ne suis qu'un élu… pas un soldat ; pourtant me voilà équipé comme dans une zone de guerre. Cela me paraît irréel. Quelle image, quel symbole terrible pour notre pays.

Jamais je n'aurais imaginé, lorsque je me suis engagé en politique, me retrouver dans une telle situation. Dans la pièce, la tension est palpable.

Nous nous dirigeons tous vers l'intérieur de la mairie et empruntons l'ascenseur. La vue des dizaines d'extincteurs, posés à même le sol, rappelle ce à quoi nous risquons de faire face ce soir.

Chacun a été briefé sur les différents plans de repli stratégique à adopter si les émeutiers arrivent à pénétrer dans l'enceinte du bâtiment. Nous sommes quasiment à court de munitions de flash-ball, ce scénario est plus que probable…

Sommes-nous à L'Haÿ-les-Roses ? Bon sang, sommes-nous en France ?

À chaque étage, deux agents sortent de l'ascenseur et vont se positionner, « numéros 57 et 58 en position sur le toit de l'aile est », « numéros 59 et 60, bonne chance ! ».

Mon directeur de cabinet et moi-même sortons au quatrième et dernier étage, là où se trouve mon bureau.

Pourquoi suis-je là ? Pourquoi étais-je là la veille ?

Je le devais, pour tous ces hommes et ces femmes qui ont mis leur vie en danger afin de protéger la mairie, ce lieu hautement symbolique. Il y a des moments comme cela dans la vie, des décisions à prendre, on est là et on essaie simplement de rester droit.

Au fond de moi, les émotions se heurtent. Mes pensées ne cessent de me ramener à ma famille. Et en même temps, j'ai la conviction que ma place est là. Il faut protéger la ville, coordonner la gestion de crise, appuyer et soutenir celles et ceux qui prennent des risques sur le terrain.

Juste avant de partir, j'avais dit à ma femme : « Ne t'inquiète pas. Je serai prudent. »

Le temps s'écoule très lentement, il va bientôt faire nuit. Depuis le balcon de mon bureau je regarde au loin, le ciel est orangé.

À quelques centaines de mètres de là, je peux voir la cime des arbres qui peuplent l'immense parc de la Roseraie. La première d'Europe. Le joyau de la ville. Des milliers de variétés différentes de roses, un jardin à la française. De la poésie pure. Si proche et cependant si loin de ce que nous vivons depuis quelques jours.

Avec mon directeur de cabinet, nous discutons. Nous espérons. Enfin des équipages supplémentaires de la police nationale ont été déployés sur la commune ainsi qu'une équipe de la BRI (brigade de recherche et d'intervention). Leur hiérarchie leur a enfin donné le feu vert, ils peuvent aller au « contact » si la situation l'exige. Nous ne sommes plus seuls.

Et s'ils avaient été là plus tôt ? Dès le début des émeutes ? Comment ne pas ressentir une certaine amertume face à une insurrection qui aurait pu être, sinon stoppée net, tout au moins contenue ? Quel terrible gâchis… Au fond de moi, ce sentiment d'abandon me pèse. Que répondre aux policiers municipaux de la commune qui me disent qu'ils se sont retrouvés sans aide face à des hordes sauvages ? Que lorsqu'ils essayaient d'appeler le 17, personne ne répondait ?

La soirée avance et tout est calme, étonnamment calme.

Le silence.

Avons-nous gagné ? Les émeutiers ont-ils fini par abdiquer, peut-être sont-ils à court de munitions ? Ayant été repoussés la veille, peut-être vont-ils renoncer ? Sur la boucle WhatsApp des maires du Val-de-Marne, chacun décrit le calme bienvenu dans sa commune.

L'espoir que cette insurrection folle s'arrête est-il enfin permis ?

Il est environ 1 h 30 du matin.

La sonnerie de mon téléphone retentit, le visage de ma femme apparaît sur l'écran.

Je décroche pour la rassurer. Je suis détendu, tout est calme ici.

– Tout va bien, ma ché… ?

Je n'ai pas le temps de finir ma phrase : elle crie !

2.

« On va vous cramer vivants »

– Ils nous attaquent !! Vincent, ils nous attaquent !!

Au téléphone, je reconnais à peine la voix de ma femme. Mon sang se glace.

– Il y a une voiture en feu dans le jardin ! Il y a d'énormes flammes !

– Va au fond du jardin ! Cachez-vous ! J'arrive !

Je crie à mon tour :

– À l'aide ! Ils attaquent chez moi !

Mon directeur de cabinet, François, apparaît, incrédule. D'un regard, il comprend.

À partir de ce moment-là, tout va très vite. Nous nous emparons chacun d'un extincteur, c'est très lourd mais je le sens à peine. Je sens à peine mes jambes. François, qui gardait un talkie-walkie pour être en contact avec la police municipale, les alerte :

– Alerte, la maison du maire est attaquée !

– Répétez ?

Mélanie n'a pas raccroché. J'entends des bruits confus, des cris, mais elle ne me répond plus. La communication s'interrompt lorsque nous sommes dans l'ascenseur. Quelle lenteur ! La descente est interminable. Mon cœur bat à tout rompre dans ma tête. Je hurle et frappe de rage et d'impuissance le métal.

Nous sortons enfin de l'ascenseur et nous courons comme des dératés vers mon véhicule, toujours ces extincteurs à bout de bras.

L'émotion est trop forte. Je me déconnecte. Je vis la scène de l'extérieur. Totalement dissocié. Mes poumons sont en feu. J'en ai à peine conscience. J'ai l'impression d'être un robot, en mode pilote automatique. Je ne me souviens pas d'être monté en voiture. Je roule. Les rues sont désertes, si calmes. Je fonce. Dans ma tête, je visualise le pire. L'horreur défile devant mes yeux. Le talkie-walkie crépite. Je l'entends à peine.

Je supplie. Je prie. Je promets l'impossible pourvu qu'ils soient en vie...

Dernier virage. Ma rue ! Partout des gyrophares et des clignotants de voitures de police et de camions de pompiers. Les bleus se mêlent au rouge des flammes immenses. Partout se reflète ce mélange de couleurs angoissantes.

L'enfer.

– C'est ma maison, laissez-moi passer...

– Ça ne sert à rien, monsieur, laissez faire les pompiers.

– Mais ma femme est à l'intérieur !

Au même moment, mon téléphone sonne de nouveau, c'est elle.

Je sens la souffrance dans sa voix. J'en tremble.

Elle m'indique sa position.

À la radio, François annonce :

– Ils sont dans le jardin du voisin en contrebas !

Marche arrière toute ! Je pile devant le portail.

Il est cadenassé. Elle est là, blessée, juste derrière

le grillage, elle ne peut pas se relever. Mon cœur s'emballe. La chienne effrayée près d'elle grogne afin de la protéger.

Je ne vois pas les enfants. Cette fois mon cœur s'arrête.

– Ils sont chez Damien et Béné ! Vite, va les rejoindre !

Je veux les voir mais comment la laisser alors que je la retrouve enfin ? François me met la main sur l'épaule.

– Tu es le seul à pouvoir rassurer les enfants. Je m'occupe de Mélanie. Fonce !

Et sans attendre, il escalade le grillage pour la rejoindre. La chienne le connaît, elle ne le mordra pas.

La police municipale arrive sirène hurlante. J'aperçois Damien qui revient en courant avec une pince coupante pour ouvrir le portail derrière lequel est enfermée Mélanie. Il vibre d'adrénaline.

– Les enfants sont en sécurité à la maison, dit-il, tout en me donnant ses clés.

Je sais Mélanie désormais protégée. Je cours vers mes enfants. Cinquante mètres tout au plus.

Mélanie avait eu assez de sang-froid pour appeler à l'aide nos amis qui vivent à quelques pavillons de là. Par chance ils ont répondu. Damien avait foncé à leur secours, il a aidé les petits à escalader le grillage et les a ramenés chez lui. Un peu plus tôt dans la journée, elle avait eu la présence d'esprit de placer deux escabeaux au fond de notre jardin, au cas où… Vous parlez d'instinct ? Jamais elle n'aurait imaginé que cela serve, mais ça la rassurait de savoir qu'au cas où il se passe quoi que ce soit dans la rue, elle serait en mesure de quitter la maison avec les enfants.

J'arrive devant le pavillon de Damien et Béné. Je reprends le contrôle de ma respiration. Je veux pouvoir me maîtriser pour montrer aux enfants que tout va bien maintenant. Plus de menaces. Enfin, je l'espère.

Béné m'aperçoit au balcon. Elle fonce m'ouvrir. On se jette dans les bras l'un de l'autre. Je lui suis tellement reconnaissant. Les mots sont inutiles. Elle tremble. Elle me serre fort. Ils sont à l'étage.

J'arrive au salon. Quelle scène impensable. Gravée au fer rouge dans ma mémoire : mes enfants sont tous les deux assis dans le canapé, devant un dessin animé, dans leur pyjama. Ils ne me voient pas arriver. Ils ont l'air tellement calmes. Captivés, le regard dans le vide vers la télé. J'ai envie de me jeter sur eux et de les serrer fort dans mes bras, mais je me retiens.

De ma voix la plus douce je tente un « Coucou les enfants… Comment ça va… ? » en m'approchant lentement.

Mon fils ne répond pas. En me voyant, ma fille me sourit :

– Papa ! Tu as vu, papa ? Je me suis fait bobo à la tête…

Elle s'est blessée à l'arcade sourcilière. Une croûte de sang recouvre son sourcil. Elle saigne encore légèrement. Mon cœur se serre.

La voir ainsi m'est insupportable. J'ai envie de hurler mais je respire plus profondément encore. Je n'ai pas le droit de craquer. Plus doucement encore, je me rapproche, je tends la main vers la joue de mon fils qui n'a toujours pas réagi. Comme si de rien n'était, il me dit d'une voix éteinte : « Coucou papaaa. »

Quelle angoisse. Pas de blessures graves, mais tous les signes d'un état de choc.

Ils regardent la télé, immobiles. Je m'assois entre eux deux. Là, comme par instinct, ils se lovent contre moi. Je les serre dans mes bras. Une vague de culpabilité me submerge. « C'est ma faute. » C'est à cause de mon combat de maire qu'ils ont été attaqués !

Je me force à respirer.

Assuré qu'ils sont en sécurité et (étrangement) calmes, je trouve la force de me lever pour partir retrouver Mélanie. L'image de ma fille blessée me torture. Toujours devant le dessin animé, ils ne se souviendront même pas de m'avoir vu ou parlé.

En redescendant l'escalier, tellement d'émotions se pressent dans mon cerveau, mon rythme cardiaque tape dans le rouge, je n'ai plus aucune notion du temps, j'essaie de respirer lentement. Je me reprends.

Je ressors dans une rue encombrée de véhicules de police, de pompiers et de riverains inquiets.

Mélanie est dans la rue, pieds nus, en chemise de nuit, son visage est marqué par la douleur. Ils sont plusieurs à l'aider, à la soutenir, lorsque je reviens vers eux. Je la serre dans mes bras.

Je lui souffle : « Les petits vont bien. »

Elle, beaucoup moins. Son genou la fait atrocement souffrir. Il est si gonflé qu'il lui est impossible de plier la jambe pour monter dans ma voiture. L'ambulance des pompiers arrive et va la prendre en charge. Soudain, elle me demande : « La maison ? Elle a brûlé ? »

Je n'en sais rien. Je n'y avais même pas pensé. Seul les retrouver sains et saufs comptait.

Merci, mon Dieu ! Une étrange gratitude m'envahit

au milieu de ce chaos d'émotions. J'y puise de la force pour encourager et soutenir Mélanie. Ils sont vivants. J'ai cru avoir tout perdu. Mais ils sont là. Bien vivants. Je m'accroche à cette pensée…

Tout va très vite. D'autres amis arrivent. Les enfants iront dormir chez eux. Ceux-là mêmes chez qui ils avaient dormi la veille de peur justement qu'il arrive quelque chose… Si seulement ils y étaient retournés ! La mère de Mélanie, alors dans le Sud, décroche. Passé le choc, elle réserve immédiatement un billet d'avion pour être là par le premier vol le matin même.

Déjà la chaîne de solidarité se met en place.

Encore aujourd'hui, je suis tellement reconnaissant et empli de gratitude pour ces amis qui donnèrent au-delà de l'imaginable.

Mélanie est partie en civière dans l'ambulance des pompiers. Notre maison ? Elle veut savoir. Je remonte la rue vers chez nous. Les grandes flammes ont disparu. Remplacées par une épaisse colonne de fumée et de vapeur d'eau. Même de loin, l'odeur de brûlé me saisit à la gorge…

Les gyrophares bleus et les clignotants sont toujours là. Ils se reflètent désormais sur les visages hagards des voisins et voisines réveillés dans leur sommeil par cet incendie criminel. Ils ne peuvent pas encore réintégrer leur domicile. Je vais les voir. Certains sont en larmes. Mon premier réflexe est de m'excuser pour le dérangement. C'est absurde, mais je suis tellement navré de les voir en robe de chambre, certains pieds nus dans la rue en pleine nuit.

Je rassure : « Oui, les enfants et Mélanie sont en sécurité. »

« Et la maison ? » Je ne sais toujours rien. J'avance vers ce qui reste de notre portail. J'enjambe les tuyaux des pompiers qui s'entremêlent au sol. Ils sont encore à l'œuvre. Les soldats du feu continuent d'arroser les restes fumants de deux véhicules. Le nôtre, la voiture familiale qui n'est plus qu'une épave fumante. Et le leur, celui des agresseurs : une voiture-bélier !

Le mot résonne dans ma tête. Une voiture-bélier... ? Mais pour quel mobile ? Mais par quelle haine échafaude-t-on pareille attaque ? Comment peut-on s'en prendre à une famille, pendant son sommeil ? En voyant cette épave calcinée à mi-chemin de la maison, bloquée par miracle dans les escaliers en pierre qui séparent notre maison de la rue, je mesure la vraie nature de l'attaque.

Loin d'émeutiers de circonstance, loin d'une attaque spontanée d'un groupe qui serait « passé par là », il s'agit là d'une attaque préparée, réfléchie et planifiée...

Mon sang se glace en revoyant ce tag sur le mur du marché attaqué la veille : *On a vos adresses, on va vous cramer vivants !*

3.

On les appelait les tours marron

Dès les années 80, les « cités » avaient déjà mauvaise presse. J'habitais les « tours marron » comme nous les appelions alors. Huit cents logements répartis sur sept grandes tours de dix-huit étages dans le quartier Lallier à L'Haÿ-les-Roses. Un « ici » qui ressemblait à des centaines d'autres quartiers en France.

Depuis la fenêtre de ma chambre, au dix-septième étage, je pouvais voir la « frontière », l'A6, qui coupe la ville en deux. Quatorze voies de circulation, un record européen, séparent le centre-ville, le « bon côté », de notre partie défavorisée de L'Haÿ. C'est là que j'ai découvert une autre France, celle qui souffre, celle qui se bat jour après jour.

Pas mal de choses ont changé depuis mon enfance. Le chômage est désormais omniprésent dans la grande majorité des familles, le fait religieux et le communautarisme ont envahi l'espace et fragmenté les populations en blocs quasi antagonistes, et les trafiquants font la loi.

Je ne vais pas embellir le passé, ce n'était pas toujours rose, cependant je me souviens qu'il existait une forme de solidarité entre voisins de galère. Certains faisaient du troc, ou se rendaient des petits services. Nous étions tous dans le même bateau, qu'importe la couleur de peau. On ne parlait pas de religion. Lors d'une bagarre en règle à la sortie du collège, un plus grand que je connaissais de vue était intervenu en me soulevant pour me soustraire aux coups en hurlant de façon menaçante : « Vous le touchez pas, il est des tours marron ! »

Dans cet univers de béton et de bitume, mes parents préféraient me garder à la maison. Et ne me laissaient sortir que sous surveillance. C'est tout naturellement, en voyant lire mon père durant son temps libre, que je me suis intéressé à ces curieux objets que sont les livres.

Cela a commencé par les histoires qu'il me lisait tous les soirs, puis ayant ensuite progressé assez vite, je sautais une page sur deux. Quelle patience il avait ! Encore au CP, je dévorais avec lui chaque soir ce chef-d'œuvre littéraire fantastique qu'est *L'Histoire sans fin*.

Il m'a appris la curiosité. Je dévore ses bandes dessinées, surtout les classiques : *Tintin, Astérix, Gaston Lagaffe, Les Tuniques bleues*… dont le second degré et les subtilités de langage m'échappaient et qu'il se faisait un plaisir de m'expliquer.

Enfin ce fut la révélation, les bouquins de science-fiction. Je m'évadais de mon quartier dans des univers incroyables où tout était possible… Mon attrait pour la technologie et l'innovation vient sûrement de là. Passionnant d'imaginer comment la science et le progrès peuvent améliorer la vie de l'humanité, pour peu qu'on les utilise avec sagesse. Et puis il y a la frontière entre utopie et dystopie qui est ténue et fragile. Aujourd'hui encore, ces thèmes m'attirent.

Nous occupions un logement social. Mon père était chauffeur-livreur pour une entreprise de distributeurs automatiques, boissons et confiseries divers, ma mère était femme au foyer. Les dépenses étaient soigneusement calculées.

Tout ce qui était considéré comme superflu, restaurant, ciné et autres loisirs, restait exceptionnel. Je n'en souffrais pas, c'était largement compensé par l'amour et l'attention de mes parents. Et très jeune je me suis aperçu que j'étais loin d'être le plus malheureux dans le quartier. J'ai le souvenir d'un camarade en primaire, Mamadou, qui avait passé l'année entière avec un T-shirt gris et troué. Il lui manquait des dents.

Bizarrement, quand on grandit dans un tel environnement, tout cela paraît normal, on s'y habitue. J'imaginais que c'était partout pareil.

À l'extérieur, les problèmes liés aux quartiers populaires existaient déjà, une atmosphère de violence, du vol, un peu de trafic de drogue, mais nous avions quand même une forme de respect entre nous. Cela a complètement disparu.

À l'époque, le petit dealer du pied de la tour ouvrait la porte de l'immeuble quand une mamie rentrait avec ses courses. Pour l'aider, pas pour la braquer ou lui mettre un « coup de pression ». Maintenant, les revendeurs sont recrutés dans d'autres villes par les dealers pour éviter d'être facilement identifiables. Ils ne sont plus que menaces pour les habitants.

Les années collège n'ont pas été faciles.

Des classes surchargées, du racket, des profs qui se faisaient humilier quotidiennement par des élèves, voire pire. Je repense à cette professeure de musique qui échappa de peu à un viol dans la réserve contiguë à la salle de classe où nous avions cours. Ou encore au principal adjoint du collège, qui venait de constater l'intrusion dans l'établissement d'un garçon exclu pour des faits de violence et qui cherchait à se venger. Il essaya de le saisir et se retrouva face à un attroupement d'élèves qui prirent la défense du fautif. Il reçut un premier coup de poing, tomba au sol sous le choc, puis fut roué de coups de pied. Les surveillants et quelques profs arrivèrent à la rescousse, l'élève incriminé fut exclu définitivement et le principal adjoint muté. Qu'est-il devenu ? A-t-il eu des séquelles ? On n'a jamais su.

Déjà la loi du plus fort.

La violence était permanente, banale. Le pire ? Nous tous la considérions comme normale. Même nos jeux à la récré étaient brutaux. J'ai pris beaucoup de bleus au « petit pont massacreur » et failli perdre un œil à cause d'un tir de pistolet à billes actionné à bout portant par un camarade pour « rigoler » dans les vestiaires du gymnase !

Dans la cour on parlait beaucoup de rap. Je découvre le groupe IAM, et une chanson en particulier, *Nés sous la même étoile*. La puissance du texte, l'univers qu'il décrit, je m'y reconnais. L'histoire de deux gamins, l'un riche, l'autre pauvre, qui décrit leur quotidien et tout ce qui les sépare par la seule force du hasard.

C'est ma jeunesse, mon parcours. J'y puise beaucoup de force.

4.

Bleu Blanc Rouge

Pour m'accompagner lors de commémorations ou d'inaugurations, il y a, rangée dans mon bureau et dans la boîte à gants de ma voiture, une écharpe tricolore. Elle fait partie du protocole, j'en connais et ressens la portée symbolique lorsque je l'enfile.

C'est une émotion particulière qui m'étreint la première fois que je la porte, moi l'enfant des cités devenu maire de la ville. Beaucoup de fierté, et l'envie d'agir. Toute ma vie je me souviendrai de ma journée d'investiture, en 2014. Ce premier conseil municipal où je suis officiellement élu maire par mes pairs, devant des centaines d'habitants venus y assister. Exceptionnellement, la cérémonie se déroule dans un gymnase afin de pouvoir accueillir la foule. L'enthousiasme est palpable, les attentes sont si grandes. La ville est dans un sale état, rien ne fonctionne, il y a tant à faire. Je le ressens. Beaucoup m'attendent au tournant.

Quelques personnalités politiques ont fait le déplacement. Au premier rang, assise à côté de mes parents et de mon petit frère si fiers, Valérie Pécresse me regarde avec émotion.

Je sais ce que je lui dois. J'ai eu la chance d'apprendre énormément à ses côtés. J'ai travaillé avec elle à l'Assemblée nationale en tant qu'assistant parlementaire.

Notre première rencontre relève de circonstances comme seule la politique sait en produire, puisque je soutenais son adversaire, le sénateur Roger Karoutchi ! Il s'agissait d'une primaire interne pour désigner notre tête de liste aux élections régionales de 2010. Loin de m'en tenir rigueur, elle m'avait « repéré » et m'avait proposé après sa victoire de m'impliquer dans sa campagne électorale.

S'il y a bien une qualité rare et précieuse chez les politiques dont Valérie est pourvue, c'est de croire en la jeunesse et de lui donner sa chance. Avec beaucoup de courage, elle a tenu tête à tant de « barons » pour pousser les jeunes qu'elle jugeait capables et méritants. Et pas seulement en nous apportant un soutien symbolique, mais en investissant sur nous, en se battant pour que nous soyons têtes de liste aux élections municipales ou encore pour nous faire figurer en bonne place sur ses listes régionales.

Entre 2010 et aujourd'hui, une véritable « génération Pécresse » a émergé dans toute l'Île-de-France. Plus que des collègues, nous sommes une équipe soudée autour de notre « présidente ». Je pense à mes amis qui ont remporté des bastions réputés imprenables comme Florence Portelli à Taverny, Jean-Didier Berger à Clamart, Robin Reda, élu maire de Juvisy-sur-Orge à 22 ans, aujourd'hui député ! Et puis ces nouveaux visages du conseil régional d'à peine 40 ans : Othman Nasrou, que Valérie n'hésitera pas à nommer premier vice-président du conseil régional, et Alexandra Dublanche, qui pilote toute la politique économique de la première région d'Europe.

Cette marque de fabrique ne s'arrêtera d'ailleurs pas à ma génération. Car bien qu'installée à la tête de la Région, elle continue à promouvoir de nouveaux talents. Valérie s'est toujours appliqué à elle-même cette phrase de James Freeman Clarke qu'elle aime tant : « Les hommes politiques pensent à la prochaine élection, les hommes d'État pensent à la prochaine génération. »

Avec cette citation bien en tête, j'attaque ma première année de mandat. Les membres de mon cabinet et moi ne terminons jamais avant minuit, voire 2 ou 3 heures du matin. À 8 heures le lendemain, tout le monde est de nouveau sur le pont. Chaque minute compte pour prendre en main ce destin si soudain. Nos week-ends y passent aussi.

Nous répondons aux sollicitations, les réunions s'enchaînent, il faut gérer les urgences et les crises ; le soir, quand les habitants rentrent du travail, s'organisent les réunions publiques ; et la nuit, nous avons enfin le temps et le calme nécessaires pour travailler les dossiers de fond. Nous avons trouvé notre rythme, parés pour une belle et intense aventure. Je crois alors avoir pris la mesure de la fonction.

C'était sans compter les événements extraordinaires qu'il était prévu que nous vivions. Je pense en premier lieu au drame national venu percuter de plein fouet nos vies quotidiennes dans un pays en paix.

Lors de la prise d'otages à l'Hypercacher, le 9 janvier 2015, qui fait suite à la tuerie de *Charlie Hebdo* et à l'assassinat de Clarissa Jean-Philippe, policière municipale de Montrouge, Philippe Braham est abattu par le terroriste Amedy Coulibaly. Venu là pour faire ses courses en prévision du shabbat, il est l'une des quatre victimes. Or Philippe Braham habitait à L'Haÿ-les-Roses depuis dix ans avec sa femme et ses trois enfants.

Comme tous les Français en cet épouvantable début d'année 2015, je suis profondément choqué et triste.

Ses proches me contactent et je me rends à l'Institut médico-légal à Paris, où sont conservés les corps des victimes. Une foule immense est présente dès l'entrée du parking. À la vue de la cocarde sur le tableau de bord de mon véhicule, les gens s'écartent. La foule devient si dense que je finis par arrêter la voiture. J'ouvre la boîte à gants, en extrais l'écharpe bleu, blanc, rouge, puis je sors du véhicule et l'enfile. J'ai un peu le vertige.

Les gens sont agglutinés, une atmosphère de tristesse et d'angoisse plane sur la foule. Des centaines de visages creusés. De la colère. De la sidération. De la peur.

Tandis que je me fraie un chemin vers l'entrée, des inconnus, à la vue de mon écharpe, me remercient d'être là, se poussent pour me laisser un passage. Cela m'étonne. Je suis un inconnu, pas une personnalité.

À l'intérieur de l'Institut, la foule est encore plus compacte dans ce lugubre couloir, la souffrance encore plus palpable. C'est étouffant.

Des chuchotements, des murmures, des étreintes, des larmes, des cris de douleur. Jusqu'à cet instant blême de janvier, je ne savais pas ce qu'étaient des lamentations.

J'avance très lentement, jusqu'à me retrouver devant l'entrée de la chambre mortuaire où se trouve le cercueil de Philippe Braham. Valérie, son épouse, est là. Une personne vient la prévenir de mon arrivée et l'aide à me rejoindre en lui tenant les épaules. Elle est entièrement vêtue de noir et ses cheveux bruns entourent son visage livide.

Je n'oublierai jamais cette image.

Elle se laisse guider, le regard fixé vers le sol. Arrivée face à moi, elle lève la tête, découvre l'écharpe tricolore, puis nos yeux se croisent. L'intensité de son regard… j'ai la sensation qu'il me traverse. En venant, j'avais préparé quelques mots pour présenter des condoléances formelles… mais elle avance avec grâce et me tend les bras. Je la serre contre moi. Je n'ai plus de mots. Mais un frisson me parcourt lorsqu'elle murmure avec gratitude : « Merci d'être là… »

Je la tiens dans mes bras, cela dure certainement quelques secondes, j'ai l'impression d'une éternité.

C'est à ce moment-là que je comprends ce que je fais là. Ma présence en de telles circonstances, cette étreinte : ce n'est pas l'homme ou le maire qu'elle voit, c'est un morceau de la République. Un symbole qui dit : vous n'êtes pas seule dans cette épreuve. Depuis, pas une fois je n'ai revêtu mon écharpe sans penser à elle. À cette scène aussi glaçante que puissante. Je ne lui ai jamais dit mais si, ce jour-là, j'ai pu à ma façon l'aider, c'est elle qui, en réalité, m'a donné de la force pour toutes les années qui ont suivi.

En accord avec sa famille, nous décidons d'organiser une grande marche en hommage à Philippe, afin de dire notre solidarité dans l'épreuve. Une marche de plus. Hélas, pas la dernière.

Tous les quartiers de la ville sont représentés, par des gens de toutes origines et religions, un lâcher de ballons bleus, blancs, rouges clôt enfin un beau moment d'union et de solidarité.

Il y avait déjà eu le drame de Toulouse, où des enfants avaient été assassinés, *Charlie Hebdo*, il y aurait ensuite le Bataclan, les terrasses des bars… Des centaines de victimes, et ce « plus jamais ça » déjà prononcé tant de fois. Des fleurs, des bougies et des peluches. Philippe Braham n'a pas été tué par un djihadiste venu d'un pays lointain, mais par un autre Français. C'est évidemment bien pire.

Jusqu'à quand allons-nous supporter cette situation ?

5.

« Ça va recommencer ! »

Il est 2 h 30 du matin. Après l'attaque, les gyrophares bleus continuent d'illuminer la nuit autour de ma maison. Tout ce qui vient de se passer reste présent dans mon esprit. Le seul moment supportable est celui où je réalise que ma famille est enfin en sécurité. À cet instant-là, il y a tant d'enjeux, et je mesure le poids de mes responsabilités en faisant le point avec le chef de la police municipale. Il ne se passe rien en ville. Aucune autre attaque. Aucun rassemblement. Seul le commando contre ma maison était prévu ce soir. Tout est calme.

Avant de partir, je pense à mes parents. Ils ne peuvent pas l'apprendre par la presse !

Presque naturellement, je compose le numéro.

– Allô ?

Mon père décroche d'une voix endormie et inquiète.

– Papa…

Silence. Rien ne sort. Les mots sont coincés dans ma gorge.

– Ça va pas ? Qu'est-ce qu'il y a ?

En une seconde, la digue qui retenait mes émotions a craqué. Le réconfort que seul un parent aimant peut apporter me tendait les bras. Je verbalise. Pour la première fois, je mets des mots sur ce qui vient de se passer. « Ils ont été attaqués », « Ils se sont enfuis », « Ils sont blessés », « C'est de ma faute »...

Avec tendresse, mais aussi le sang-froid qui le caractérise, mon père écoute, trouve les mots. M'apporte le réconfort attendu.

– Je te connais, tu es fort, tu vas tenir bon !

Lorsque je rejoins de nouveau nos enfants, vers 3 h 30 du matin, je vais prendre de plein fouet leur colère qui semble s'être réveillée. Une colère sourde tournée vers les agresseurs et vers le reste du monde. Presque une rage. Mon petit garçon, à qui j'avais fait porter sans m'en rendre compte une charge énorme en lui demandant de veiller sur sa sœur et sa mère, est rempli de désir de vengeance.

Du haut de ses 8 ans, avec ses mots, il décrit cette profonde injustice qu'il ressent. Cette terreur que lui inspire désormais ce monde empli de « méchants ». Et surtout il me dit toutes les horreurs qu'il faudrait infliger aux agresseurs.

Je vais passer un long moment à discuter avec lui, sa petite sœur dans mes bras. Je le laisse évacuer cette violence qu'il a désormais en lui. Je mesure à quel point mon enfant vient de vivre un épisode d'une brutalité inouïe. Il se remémore en boucle : le réveil brutal, les tirs de mortier, les cris des assaillants, la rougeur des flammes illuminant la nuit, la fuite, la séparation avec leur mère... et la peur de mourir.

Sa réaction est naturelle, instinctive, animale même, mais ça n'en est pas moins une torture pour moi. Ils sont tous les deux allongés sur le lit de nos amis, dans une chambre qu'ils ne connaissent pas. Je les écoute. J'essaie de les rassurer. Leur dis que c'est terminé. Je ne cache rien. Je réponds sincèrement à leurs nombreuses questions.

C'est mon rôle de père que de tenir bon. De rester calme. De rester serein. Mais c'est si dur. Je m'allonge près d'eux. Je les serre fort dans mes bras. Je puise de la force dans leur chaleur. Ils sont vivants. C'est tout ce qui compte.

La discussion continue. J'ai mal au cœur. Je mesure un peu plus la profondeur du traumatisme. Ce qu'il change en eux. Je prie pour qu'ils retrouvent un peu de leur innocence qui semble avoir été balayée par la barbarie qui s'est abattue sur eux. Je ne supporterai pas qu'ils grandissent dans la peur ou dans la haine.

Cette nuit-là, et hélas encore aujourd'hui, une certitude pour eux : ça va recommencer ! Ils reviendront ! Leur monde n'est plus sûr. Ils ont besoin de se dire qu'ils seront prêts à « affronter les voleurs » la prochaine fois. Que dire dans ces moments-là ? Faute de mots, je les embrasse. Leur murmure une berceuse… Ils finissent par s'endormir d'épuisement.

Je ferme les yeux. Ma tête est en ébullition. Mélanie m'attend.

Je remonte en voiture. Je prends la direction de l'hôpital. Seul pour la première fois, je frissonne. J'ai comme un tremblement. Me pardonnera-t-elle ?

6.

Des fils barbelés

Jeudi 29 juin 2023. Après deux nuits d'émeutes, nous sommes l'avant-veille de l'attaque de mon domicile. Le jour s'est levé. Les chaînes d'info confirment que nous ne sommes pas un cas isolé. Aux quatre coins de la France, les mêmes scènes, la même violence inhumaine a frappé. Les biens matériels, mais aussi les personnes.

Pour moi, les reportages diffusés par les médias ne reflètent pas la réalité de ce qui s'est passé cette nuit-là. On y voit de simples manifestations qui, comme on s'y est hélas habitués, ont « simplement dégénéré ». Pourtant, lorsque l'on constate les dégâts, lorsque l'on regarde les images de vidéoprotection, lorsque l'on entend les hommes et les femmes qui ont défendu la ville, force est constater que c'est à une véritable insurrection à laquelle nous avons fait face. Contre des personnes déterminées, organisées, équipées pour détruire.

« C'est la maire, on va se la faire ! » Ma collègue et amie, maire de Pontoise, Stéphanie Von Euw a ainsi été reconnue et attaquée dans son véhicule pendant la soirée. Elle raconte : « Ils m'ont littéralement bombardée. Ensuite, deux émeutiers ont sauté sur la voiture et ont commencé à la cabosser. » Elle fit preuve d'un sang-froid admirable et d'une résilience à toute épreuve.

« Tuez le maire ! » Le maire de Sannois, dans le Val-d'Oise, est visé et touché à la jambe par des tirs de mortier alors qu'il tentait d'empêcher des jeunes de brûler la mairie.

À Montluçon, un élu qui s'efforçait, avec le maire, de calmer des jeunes s'en prenant à plusieurs magasins est caillassé, blessé à la tête et transporté aux urgences.

C'est également le cas du maire de Charleville-Mézières, Boris Ravignon, visé par des jets de pierre alors qu'il se trouvait avec d'autres élus dans son quartier de la Ronde-Couture.

Ce ne sont que quelques exemples dans la multitude d'agressions caractérisées qui au bout du compte ne feront que grossir la liste des « faits divers ». C'est d'ailleurs la rhétorique que reprendra avec un cynisme fort peu élégant le président du Rassemblement national pour qualifier l'attaque contre ma famille dans ses propos rapportés par *Le Point*. Un double langage à l'image de ce qu'est le RN : solidarité, hauteur et fermeté devant les caméras, indécence et désinvolture dès que les micros s'éloignent.

Dès 6 heures du matin, mon cabinet, les élus et tous les employés des services techniques municipaux sont mobilisés pour gérer l'après : déblayer les rues, placer de grandes plaques en bois sur les vitres brisées. Au sol, ils retrouvent des boules de pétanque transformées en projectiles. Partout au centre-ville, c'est la désolation. Les gens viennent spontanément me voir, et m'interpellent : « Il faut déclarer l'état d'urgence ! », « Mettez en place un couvre-feu ! », « Ça ne peut plus durer, j'ai peur, mes enfants sont terrorisés ! »

Je sais que le président de la République doit parler dans l'après-midi pour réagir aux événements. Au vu de la situation que nous venons de vivre, je ne doute pas qu'il proclame des mesures fortes. Il va certainement annoncer un couvre-feu, j'attends donc. Alors que je fais le tour des zones sinistrées, je tombe sur ce fameux tag : *On a vos adresses, on va vous cramer vivants.*

Sur le coup, j'imagine qu'il s'adresse aux forces de police, malheureusement souvent la cible de ce genre de message. Avec le recul évidemment, je m'en veux de ne pas l'avoir pris plus au sérieux.

Nous apprenons, en milieu de matinée, que d'autres mairies ont été incendiées, comme de nombreux bâtiments publics en France. Face aux assauts de cette nuit qui ont été repoussés *in extremis*, le risque est grand que les émeutiers reviennent. La veille, ils étaient déjà armés de bidons d'essence, de cocktails Molotov, de barres à mine, de mortiers d'artifice. Et la police municipale ne dispose quasiment plus de stocks de balles de flash-ball, impossible donc de faire face à un nouvel assaut.

Je reçois alors un message qui accentue la menace. Une famille habitant dans l'un des quartiers HLM nous informe que sur le réseau Snapchat un groupe a été créé pour venir incendier la mairie cette nuit. Ils se préparent.

Tout le personnel municipal est mobilisé. Soit pour

protéger le bâtiment, soit pour mettre en sécurité tout ce qui peut l'être. Il nous faut envisager le pire. Le sentiment d'impuissance face à cette menace est énorme. Mais nous devons prendre nos responsabilités et tout envisager. Avec l'aide de bénévoles, élus et agents décrochent tous les tableaux anciens, dont d'immenses œuvres d'Henri-Eugène Delacroix, le neveu du célèbre peintre, qui ornent la salle des mariages.

Certains sont émus aux larmes. Tous partiront le soir avec leurs dossiers sensibles et leur ordinateur de travail. Le service informatique réalise une copie de toutes les données de la ville et la met en sécurité. C'est un scénario terrible qui se joue. Les plus âgés peinent à croire que notre ville habituellement si tranquille ait pu basculer dans cette folie.

Nous avons trop de projets à gérer, trop de vies potentiellement affectées sur la ville pour permettre que cela arrive. Nous prenons une mesure forte, nous faisons dresser une barricade, faite de barrières en métal, et de grands grillages au pied des marches en pierre devant l'entrée principale de la mairie.

Le but est de retarder au maximum les assauts afin de permettre à la police municipale de tenir, et, espérons-le, aux forces de sécurité de l'État d'intervenir.

Les agents se sont mobilisés et la barricade est dressée. Mais il y a un hic. Le directeur des services techniques est inquiet. La structure est tellement stable et solide que des individus déterminés pourraient grimper et passer de l'autre côté facilement. La barrière ne les retiendrait pas longtemps.

Que faire ? Nous venons de « dépanner » le commissariat de police nationale en rouleaux de fil barbelé pour défendre leur parking en contrebas d'un talus. Il en reste, pourquoi ne pas l'utiliser ? Nous y réfléchissons longuement, bien conscients de la portée symbolique de ce geste. Des barbelés pour protéger une mairie, en France ?

Mais après ce que nous avons vécu, la sécurité avant tout. Le risque est trop important.

Voilà les barbelés posés. L'information commence à circuler sur les réseaux sociaux, les caméras des journaux télévisés arrivent. Les passants sont choqués : « Ils ont pété un plomb en mairie ? C'est exagéré ça, non ? »

Ils n'ont pas vu ce que j'ai vu cette nuit. Le fait d'avoir œuvré avec acharnement à effacer tous les stigmates des attaques des deux premières nuits avant que l'aube ne se lève a fait que les habitants n'ont pas tous pris conscience de ce qui s'est réellement passé.

Ils n'ont pas conscience de la menace : face à nous, ce ne sont pas quelques excités, mais de véritables commandos. Ils ne savent pas non plus que sans les policiers municipaux, la mairie aurait brûlé la nuit précédente comme dans d'autres communes, que la police nationale était submergée.

Les attaques étaient coordonnées, et dans ce chaos apparent il y avait une hiérarchie : des donneurs d'ordres, des « fantassins ».

En analysant les vidéos, on voit des individus sur des scooters arriver sur les lieux : ce sont les « éclaireurs ». Ils sillonnent le territoire à la recherche de cibles et du positionnement des policiers. Puis une camionnette dont les plaques d'immatriculation ont été maquillées. À l'intérieur : des munitions, des mortiers, des bidons d'essence. Elle ravitaille les groupes en temps réel. Les émeutiers se divisent en plusieurs équipes mobiles, pour attaquer sur plusieurs fronts. Au sein de ces groupes, les responsabilités sont réparties. L'infanterie est armée de barres, de battes et de bâtons, et les artificiers, de mortiers et de cocktails Molotov.

Il y a ceux qui ont des bouteilles remplies d'essence dans des sacs à dos, puis d'autres avec les chiffons qui préparent les cocktails Molotov, les allument et les lancent. Il y a aussi les « défenseurs » munis de parapluies pour dévier les tirs de grenades lacrymogènes. Ils ont tous le même modèle. Une probable acquisition en lot. Tout était bien planifié. Pour fermer la marche, des très jeunes. On le devine à leur taille et à leur carrure, ils sont chargés de mettre tout ce qu'ils trouvent, poubelles, mobilier urbain, bouts de bois, au milieu de la voie et d'y mettre le feu afin d'empêcher une « attaque » des forces de police à revers.

Les routes d'accès principales sont d'ailleurs bloquées par des voitures incendiées ou encore par des blocs de pierre qu'ils ont réussi à déplacer. Ailleurs, ils organisent des checkpoints en ne laissant passer que certains véhicules.

Je garde en mémoire les images filmées par des habitants du centre-ville, montrant des dizaines de jeunes cagoulés vociférer : « Allumez-les, les gars ! » Le degré de violence et surtout de haine est inouï. C'est ce à quoi ont dû faire face les policiers sur le terrain : à la haine, à la volonté d'en découdre, de détruire et de brûler.

Voilà le genre d'« insurgés » auxquels nous avons eu affaire. Nous sommes bien loin de l'imagerie « romantique » du révolutionnaire véhiculée par certains représentants politiques. Je garde en effet de certaines déclarations un goût amer. Je ne suis pas naïf au point de croire que les appels au calme lancés par les élus aient pu arriver aux oreilles des émeutiers, mais il est des moments dans la vie d'une nation où il faut que nous soyons tous unis. Cela n'était pas le cas, et les opportunistes qui ont cru pouvoir récupérer ces événements en ont été pour leurs frais. Je pense notamment à un représentant de La France insoumise qui a été malmené en tentant d'aller faire des vidéos avec ces « gentils rebelles ».

Que dire des tweets de Jean-Luc Mélenchon qui a fait la liste de ce qui peut ou pas être brûlé ? Pas de chance pour moi, il avait oublié de préciser qu'il ne fallait pas brûler la maison des maires... D'autres membres de LFI n'hésitaient pas à jeter de l'essence sur les flammes : « La fin justifie les moyens » (Alma Dufour), « Il n'est pas question qu'on appelle au calme » (Antoine Léaument), « Je n'appelle pas au calme, j'appelle à la justice » (David Guiraud). Démagogues, ces élus de gauche ? Irresponsables ? Peut-être les deux !

Avons-nous assisté à un soulèvement populaire comme ils faisaient mine de le croire ? Le rapport rendu par l'Inspection générale de l'administration et l'Inspection générale de la justice, fin août, a définitivement enterré les fantasmes de l'extrême gauche face aux événements. L'émotion causée par la mort de Nahel est invoquée seulement par 8 % des personnes arrêtées, et les motivations idéologiques et/ou politiques représentent 0,3 %. L'enjeu était ailleurs.

C'est alors qu'a lieu la conférence de presse du président. Elle nous déçoit terriblement. Pas de couvre-feu. Tout juste un rappel à l'ordre à destination des parents, et la mise en cause des jeux vidéo et des réseaux sociaux. Pour moi, c'est un choc. Sacré décalage, à croire que nous ne vivons pas dans le même pays, la même réalité. Quelle déconnexion ! Sur le terrain, nous avions absolument besoin d'aide pour faire face. Nous étions seuls.

Le chef de la police municipale revient dans la matinée du lendemain après quelques très courtes heures de sommeil. D'ailleurs, il a installé un lit de camp au poste de police. Les inventaires sont faits. Il nous reste vingt balles de défense pour tous les flash-balls.

S'ils sont aussi nombreux et enragés que la nuit passée, ce sera largement insuffisant. Et impossible d'être ravitaillés, les armureries ont été vidées. Nous contactons toutes les armureries de la région, parfois même à plusieurs heures de route. L'une d'elles a encore un petit stock d'une dizaine de cartouches. Mais manque alors l'autorisation administrative donnée par… la préfecture. Sans ce formulaire, pas de munitions. Nous sommes vendredi après-midi. La bureaucratie bat son plein. Là encore, quel décalage, c'est à croire que nous ne sommes pas en crise. J'explique la situation à Valérie Pécresse qui appellera dans la foulée Laurent Nuñez, préfet de police de Paris, pour débloquer la situation. Nous parviendrons finalement à obtenir à la dernière minute le fameux sésame.

Malgré tout, à l'échelle nationale, de nombreux

renforts ont été réquisitionnés au sein de la police nationale et de la gendarmerie, des unités telles que le RAID et la BRI seront déployées partout sur le territoire. Cela nous rassure, même si les effectifs mobilisés semblent insuffisants face au nombre d'émeutiers et à l'importance du territoire à protéger.

Début de soirée. Je suis aux côtés de nos policiers municipaux. Je vois à leurs traits marqués qu'ils n'ont pas pu prendre beaucoup de repos. Après la nuit de la veille, j'admire leur dévouement. Je ne leur ai pas demandé d'être là. « C'est là notre place, monsieur le maire », me répond fièrement un agent.

Faute de moyens, nous décidons à contrecœur de concentrer notre défense sur l'hôtel de ville. Je repense à cette visioconférence de 18 heures qui réunissait les maires du département et les services de l'État. La préfète, dans son rôle, nous invite à ne prendre aucun risque personnel. « Il vaut mieux laisser brûler un bâtiment que de vous mettre en danger. Il y a des assurances pour ça. » Je la comprends, mais je ne peux m'y résoudre. Je ne peux pas voir la mairie, la maison du peuple, le symbole de la République, partir en flammes comme ailleurs. Je ne peux pas laisser tomber les agents et les habitants. Nous devons tenir.

Mélanie et les enfants dorment chez des amis ce soir-là. J'ai l'esprit tranquille sur ce point.

En début de soirée, le chef de la police municipale prend la parole pour le briefing : « Soyez économes en munitions, mais s'ils passent la barricade, vous tirez tout ce qu'il vous reste, ils ne doivent pas pénétrer dans l'hôtel de ville. » De nouveau, les transports en commun ont été suspendus en début de soirée. La ville plonge peu à peu dans un calme étrange. La nuit tombe.

Il est 1 heure du matin lorsque le superviseur qui scrute les caméras de surveillance donne l'alerte : ils se sont regroupés, ils se dirigent vers nous. Les agents sont positionnés à différents endroits stratégiques au niveau de la mairie. Je suis devant mon bureau, sur le grand balcon qui longe tout le dernier étage. Aucun bruit. La radio crépite. Ils sont désormais à moins d'une centaine de mètres…

Soudain, le premier mortier. Le ciel s'illumine dans un crépitement de feu d'artifice. Ils annoncent leur arrivée en tirant en l'air. Les voilà !

Les bruits des tirs de mortier se multiplient. Mais ce qui nous prend le plus aux tripes, ce sont ces cris qui s'y mêlent. Des hurlements comme jamais je n'en avais entendu jusqu'alors. De la pure sauvagerie, une rage bestiale.

Difficile de les dénombrer sur le coup, mais ils ne sont qu'une trentaine. Moins nombreux que la veille, mais totalement surexcités. Farouchement déterminés. Ils poussent un grand container de poubelle sur roulettes dans lequel est placé un matelas imbibé d'essence. Ils le lancent contre la mairie. D'un seul mouvement, ils se jettent sur les barrières afin de les arracher. Ils les secouent comme des forcenés. Nos agents tirent au flash-ball, les détonations ne les arrêtent pas une seconde. Le ciel crépite. Les cocktails Molotov volent. Ils sont tellement déchaînés qu'ils arrivent à faire bouger les structures pourtant fortement consolidées.

Les cris bestiaux continuent.

Une brèche est créée, impensable. Ils sont sur le point de pouvoir réussir à entrer.

Par miracle, c'est le moment que choisissent trois agents de la BRI pour arriver à revers et commencer à projeter des grenades de désencerclement. Sauvés ! Ils vont en quelques minutes réussir à faire reculer les émeutiers, grâce à leur Cougar, fusil lanceur de grenades fumigènes. Leur intervention est si efficace qu'elle met fin en trente minutes à l'attaque. Les émeutiers fuient.

La barricade a joué son rôle, elle a suffisamment retardé les assaillants pour permettre à la police municipale de tenir et aux forces de sécurité de l'État d'intervenir.

Ils n'étaient que trois agents de la BRI. Cela a pourtant suffi. Mais alors, je ne peux m'empêcher de penser : « Combien de dégâts, de blessés, de zones dévastées auraient été épargnés si ces professionnels avaient été déployés plus tôt ? Si les forces de l'ordre avaient eu l'autorisation d'aller réellement au contact dès le premier soir ? »

Les enragés vont rentrer chez eux, mais avant de quitter la scène ils vont aller finir ce qu'ils avaient commencé la veille. Sans protection, la halle du marché sera lourdement dévastée par les flammes cette fois-ci. Sans l'intervention rapide des pompiers, le bâtiment n'existerait plus.

7.

« Nous ne serons pas des victimes ! »

4 heures du matin, peut-être 5 heures, je ne sais plus. Une voiture de police est stationnée à l'entrée de l'hôpital où vient d'être admise Mélanie. Je vais me présenter à l'accueil. La police m'escorte jusqu'à elle. Je revois encore cette pièce, pleine d'agitation, les infirmières s'affairent, elle est là. Malgré la douleur, elle arrive quand même à sourire en me voyant :

– Eh ben, tu en as mis du temps !

Je la rassure sur l'état des enfants. Ils sont en sécurité chez des proches où ils vont passer la nuit. Sophie, une précieuse amie, bénévole à la Croix-Rouge, formée pour intervenir après des attentats comme elle le fit au Bataclan, a pu les « débriefer », les aider à évacuer un peu en les faisant notamment dessiner. J'explique à Mélanie qu'ils parlent beaucoup de ce qui s'est passé mais qu'ils sont calmes.

Déjà les infirmiers doivent lui prodiguer des soins ; à peine arrivé, je dois sortir de la chambre.

Je suis dans le hall, hagard, vidé, j'ai encore sous ma veste mon gilet pare-balles enfilé sur ma chemise froissée.

Mon esprit est encore saturé de toutes ces images de la semaine écoulée. Les émeutes, les incendies, l'attaque de la mairie, la sauvagerie totale, et maintenant ça.

Bon sang, ils voulaient tuer !

J'ai mis ma famille en danger. À nouveau, les sanglots trop longtemps contenus éclatent. Je m'écroule en silence le long du mur.

J'ignore combien de temps je reste accroupi là... Un médecin m'interrompt poliment. Il a des radios en main.

Le verdict tombe, plateau tibial fracturé. Il faut l'opérer au plus vite. Elle ne pourra pas poser un pied à terre pendant six mois.

Il repart.

Tout s'effondre, je n'arrive pas à retenir l'émotion qui me submerge. La tristesse, la lassitude, l'épuisement, le sentiment d'une injustice profonde, la colère, la culpabilité... Pourquoi est-ce ma femme qui souffre ? Comment on vit après ça ?

En quelques heures, ma vie, nos vies, ont basculé dans l'inconnu.

On m'appelle, j'ai l'autorisation d'aller la voir. Elle m'attend, la jambe dans un plâtre provisoire... Elle est là. Dans cette chambre d'hôpital au service des urgences.

Je m'approche sans un mot. Que dire ?

Je fais le tour du lit, nos regards ne se quittent pas. Le sien est si intense. Si beau.

Je m'assois et prends sa main dans les miennes. Elle me sourit comme si les rôles étaient inversés. Comme si c'était elle qui devait me consoler.

J'articule presque sans le son :

– Je suis tellement désolé…

Elle serre ma main en guise de réponse.

Les premiers mots audibles que je prononce :

– Je suis tellement désolé, mon amour… tu n'as qu'un mot à dire et j'arrête tout… je n'ai jamais voulu ça…

Ma respiration s'arrête. Mélanie est allongée, elle me regarde, elle a l'air tellement zen.

Les anti-douleurs ont très certainement commencé à faire leur effet, mais ce n'est pas que ça. Quelque chose se dégage d'elle en cet instant, de cette femme que je connais depuis plus de vingt ans. Une force intense.

– Non… (nouvelle pression de la main) Je ne serai pas une victime. Je refuse de céder à la peur.

Cela sonne comme un mantra. Comme si elle énonçait une vérité absolue.

– Non, on n'abandonne pas, dit-elle doucement mais avec intensité. Sinon ils auront gagné, et ça, c'est hors de question !

Elle continue, déterminée :

– Si on change de vie un jour, c'est parce qu'on l'aura décidé, parce qu'on aura envie de faire autre chose, pas parce qu'on a été attaqués.

Chaque fois que je repense à cet instant, une force profonde et une énergie nouvelle s'éveillent en moi. Mélanie fut un roc dans la tempête. Une planche de salut qui me permettra de rester debout dans les heures et les jours qui suivront. Elle poursuit :

– Nous ne serons pas des victimes…

Ses mots me frappent, résonnent dans les brouhahas de nos vies bouleversées. « Ils ne gagneront pas. Cela doit servir à quelque chose. Il faut se battre pour que ce ne soit pas arrivé pour rien. »

C'est comme si ses mots devenaient mes pensées. Comme si ses paroles guidaient à présent mes actions. Un instant plus tôt j'étais perdu, et me voilà avec une mission à accomplir.

Dans cette petite chambre, le temps s'arrête. Je me colle contre elle du mieux que je peux. Entre de longs silences, je lui murmure combien je l'aime... Je lui dis combien je lui suis reconnaissant d'avoir sauvé les enfants. Nos respirations se synchronisent, l'épuisement nous gagne... elle s'est endormie. Le jour s'est levé. Je suis exténué, mais il faut partir. Le cœur serré de la laisser seule, mais sous protection policière. Je repars, déterminé, vers le volcan qu'est devenue ma ville.

« Non, ils ne gagneront pas ! »

8.

Acteur plutôt que spectateur

Près de vingt ans plus tôt, au soir du 21 avril 2002, premier tour de l'élection présidentielle. Le candidat du Front national, Jean-Marie Le Pen, recueille assez de voix pour aller au second tour, le 5 mai, face à Jacques Chirac.

Élève en terminale, je fêterai mes 18 ans ce dimanche 5 mai. Pas de chance, je ne peux pas voter, étant mineur au premier tour, c'est la loi qui veut ça à l'époque. Mais je ne peux pas rester les bras croisés et ne rien faire. D'une part, la « fracture sociale » que promet de combattre Jacques Chirac, ça me parle pleinement. D'autre part, le fascisme, une partie de ma famille l'a subi de plein fouet, et j'identifie directement alors le Front national aux nostalgiques de Mussolini.

Sans réseaux sociaux et en pleine dernière ligne droite juste avant les épreuves du bac, j'ai l'idée d'une marche blanche des lycéens. Alors représentant des élèves de mon lycée, je fabrique avec les moyens du bord et avec l'aide de mes amis William, Alex, Fabien et Anthony des tracts pour mobiliser nos camarades. Je contacte d'autres lycées du secteur pour qu'ils se joignent à nous. On fixe un parcours, je préviens les autorités, on prépare des banderoles et des slogans à scander : bref, j'organise ma première manif !

– Si on est cent, ce sera génial !

Le jour J, nous enfilons des T-shirts blancs, sur lesquels fleurissent des slogans écrits au marqueur. J'ai même pris ma ceinture blanche de judo et l'ai transformée en bandeau serré autour de la tête, sur lequel on peut lire un slogan pas très original mais plus que jamais d'actualité : « Vive la République ».

Le cortège part de la ville voisine de Sceaux. Les uns après les autres, les bus déversent des lycéens vêtus de blanc. Très vite, je perds le compte. La centaine de participants est largement dépassée. Victoire !

En tête, j'avance à reculons face au cortège. Je donne le tempo. Je lance les slogans repris en chœur par la foule qui grandit.

« Première, deuxième, troisième génération… Nous sommes tous des enfants d'immigrés. »

Plus cru :

« Le Pen, serre les fesses, on arrive à toute vitesse ! »

« F comme Facho, N comme Nazi. »

« Voter Le Pen, ça rime aryen. »

Et des *Marseillaise* encore et encore.

Hasard de la vie, destin ? Elle est déjà là. Au premier rang. Elle tient la banderole. Mélanie est là, elle me sourit… Alors que nous approchons de la fin du parcours, nous amorçons une côte assez importante à L'Haÿ-les-Roses. La même que j'emprunterai vingt et un ans plus tard pour me rendre à cette autre marche du 3 juillet 2023. La pente me permet de voir l'intégralité du cortège. J'hallucine. Il est immense. C'est mon premier véritable frisson « politique » : arriver à fédérer des gens autour d'une idée, de valeurs, d'une vision, nous rend plus forts, beaucoup plus forts. J'ai presque dix-huit ans, je suis idéaliste, je rêve de changer le monde. Combien sommes-nous ? Un article du *Parisien* local avancera le chiffre d'environ mille participants.

Ce jour-là, je me fais un serment : « Je ne resterai pas les bras croisés en spectateur. Je prendrai ma part ! »

9.

La menace islamo-séparatiste

Comme le lierre qui pousse, s'étend inexorablement et étouffe les autres plantes si l'on n'y prend pas garde, l'islamisme radical prend racine. Il prospère dans la vie quotidienne du pays.

En tant qu'élu, en tant que parent, je constate chaque jour que le système scolaire ne forme plus comme avant des petits citoyens de France, aptes à comprendre et à intégrer nos valeurs. Quelles valeurs ? Oh, trois fois rien : la liberté de conscience, l'égalité hommes-femmes ou la laïcité.

Au sein de la région Île-de-France, nous avons créé une « charte de la laïcité » que j'ai mise en place à L'Haÿ-les-Roses, à l'intention de toutes les structures financées : associations, clubs de sport... Cette initiative avait été impulsée par mon collègue et ami Patrick Karam, fin connaisseur du milieu sportif, véritable sentinelle laïque, qui a publié en 2020 avec Magali Lacroze *Le Livre noir du sport*, un ouvrage qui fait référence au recul très préoccupant de la laïcité dans le milieu amateur notamment. Cette charte n'est qu'un bout de papier, certes, mais, dans l'ensemble de la Région Île-de-France, certaines associations ont refusé de la signer. Parallèlement à ce contrat moral, une formation de lutte contre la radicalisation a été lancée à destination des animateurs et du personnel encadrant. Chaque année, et malgré une importante campagne de communication, nous essuyons des refus.

Le tissu associatif, notamment sportif, est un des lieux où l'entrisme islamiste prospère à bas bruit.

Cela peut être par le biais d'un animateur recruté pour encadrer une équipe de football par exemple, qui va méthodiquement et prudemment bourrer le crâne des gamins. La figure d'autorité qu'il représente est alors très dangereuse car pervertie. Et le pire, c'est que s'il est viré suite à une enquête ou à une dénonciation, il va recréer sans mal une nouvelle structure sportive, entouré de gens qui partagent le même projet religieux.

Les risques sont d'autant plus réels qu'il nous est impossible, en tant que maires, d'avoir accès aux listes des personnes fichées S pour radicalisation lors d'une embauche, par exemple. Il y aurait certainement des ajustements à faire en lien avec les services de renseignement pour éviter une telle aberration.

En vérité cette menace évolue, s'adapte beaucoup plus vite que nos démocraties. On sait désormais qu'en prison les éléments les plus radicaux conseillent à leurs « élèves » de s'habiller à l'européenne, de ne pas porter de barbe ou tout autre signe qui pourrait éveiller des soupçons. Sans parler de la responsabilité d'Internet et de notre manque de capacité à repérer et à fermer les sites et messageries extrémistes. Les musulmans parfaitement intégrés qui n'aspirent qu'à vivre en paix me disent leur impuissance face à l'« imam Internet », c'est-à-dire aux prêches les plus extrémistes diffusés sur les réseaux sociaux et/ou via des messageries cryptées, que les jeunes vont s'approprier et diffuser à leur tour.

Les professeurs, les animateurs, les employeurs, s'ils ne sont pas correctement formés pour faire face à de tels comportements, peuvent rapidement être dépassés. Et désormais, ils craignent pour leur vie.

Face à de tels agissements, je ressens une fracture entre deux France, l'une qui vit tout cela, qui est consciente des enjeux et des forces en présence ; une autre, plus à l'abri, provisoirement en tout cas, qui pense que c'est un fantasme d'extrême droite ou, pire, ne voit pas le mal. Les petits renoncements que l'on consent en espérant que les choses passeront d'elles-mêmes, et qui finissent par tous nous emporter.

Les anecdotes ne manquent hélas pas.

Dans un collège de L'Haÿ-les-Roses, c'est une professeure de musique à qui des élèves font valoir leur refus de participer à un cours de chant sous prétexte que c'est la période du ramadan, la musique est donc « interdite » selon eux !

Face à cela, l'Éducation nationale est incapable de répondre et les familles ne trouvent rien à redire, ou se taisent par peur.

On en parle souvent avec mon collègue et ami Thibault Humbert, le maire d'Éragny, à côté de là où Samuel Paty a été décapité le 16 octobre 2020. Les mécanismes qui ont mené à cet acte horrible sont connus, documentés, et depuis ? Rien. Enfin, pas tout à fait, il y a eu cet autre professeur, Dominique Bernard, poignardé dans la cour de son lycée. Qui sera le prochain ?

Est-il normal et concevable que des élèves ne puissent

pas supporter qu'un prof leur parle de liberté d'expression, de religion ? Que sa vie, ses habitudes, son adresse soient détaillées sur les réseaux, que personne, ou presque, ne l'ait défendu et protégé ? Qu'un type, pourtant fiché comme radicalisé, ait été en situation de l'assassiner sans que les services de renseignement aient été alertés ? L'assassinat des deux professeurs restera à jamais une tache indélébile dans notre histoire.

Les nazis ont brûlé des livres, les talibans détruit des statues millénaires, les maoïstes déporté et éliminé tout ce qui ressemblait de près ou de loin à un intellectuel. Les régimes dictatoriaux haïssent tout ce qui peut favoriser l'émancipation de l'individu. Or celle-ci est dans notre ADN, celui qui nous est si propre et qui amuse, séduit ou agace aussi parfois les étrangers qui visitent nos contrées.

L'apprentissage à l'école de la lecture, des mots et des concepts permet cela. L'école de la République se doit de développer l'esprit critique.

Quelle réponse avons-nous apportée pour éviter que de tels drames ne se répètent ? À ce jour aucune. Et les drames reviennent. Nous envoyons de très jeunes profs, à peine sortis du concours d'entrée, sans expérience, dans des territoires où tout est à construire et où les élèves sont confrontés à trop de forces négatives. Le chômage, la drogue, le phénomène des bandes, le repli sur soi…

Malgré ce contexte qui concentre beaucoup d'adversités, ils sont nombreux à ne pas céder à la facilité et à considérer que les enfants des zones d'éducation prioritaire ne sont pas des sous-citoyens en devenir, qu'ils méritent d'avoir la même éducation que les autres.

On pourrait s'interroger sur le paternalisme et une forme de mépris drapé dans un pseudo-progressisme qui critiquent l'orthographe et la richesse du vocabulaire comme étant des outils « racistes » ou « classistes » d'une domination blanche et bourgeoise.

L'appauvrissement du langage, c'est l'appauvrissement de la pensée et tous les dangers que cela représente pour l'individu et le groupe. Refuser un cours de musique ou de sport pour des motifs religieux, par défiance à l'égard de la science, ou appétence pour les théories les plus folles est un des marqueurs très forts du recul de la pensée. Avec au bout du chemin, la violence, le rejet de l'autre.

George Orwell, dans son roman *1984*, publié en 1949, l'avait fort bien raconté.

Le nivellement par le bas, des examens devenus quasi anecdotiques tant ils ont été vidés de leur but premier afin de donner l'illusion de l'égalité, sont des armes bien plus redoutables qui creusent chaque jour un peu plus les écarts entre les différents groupes sociaux. Ne dit-on pas que l'enfer est pavé de bonnes intentions ?

Et penser que cela ne créera pas de ressentiment et des fractures supplémentaires relève alors de la pensée magique !

Le port de l'uniforme, le lever de drapeau, *La Marseillaise* entonnée tous les matins, le vouvoiement envers les élèves de primaire… Une école du passé ?

Au contraire, j'ai eu la chance de visiter une école du réseau Espérance Banlieues à Mantes-la-Jolie. Hors contrat, uniquement financée par des fonds privés, elle propose aux familles des quartiers défavorisés du Val-Fourré une alternative pour leurs enfants où l'intégration à travers l'attachement à la culture française est fortement développée. L'encadrement pédagogique est entièrement dédié au bien-être et à l'apprentissage du français qui ne peuvent qu'être bénéfiques aux élèves. Pour l'anecdote, l'école n'a pas été victime de tentatives de destruction pendant les émeutes de juin 2023. Des modèles scolaires se déploient aussi dans le monde rural avec l'expérience réussie et prometteuse d'Excellence Ruralités.

Cela marche. Il est donc temps de s'interroger sur les échecs des différentes politiques en France. D'en faire le bilan et d'en tirer les leçons pour l'avenir. Nous en avons besoin. Il suffit de quelques jeunes professeurs qui y croient pour redonner de l'espoir à des enfants condamnés par un système déshumanisé.

10.

Une bureaucratie dans toute sa splendeur

Être maire, c'est affronter chaque jour une bureaucratie qui donne parfois l'impression d'avancer avec des blocs de béton soudés aux pieds. Les carences toujours grandissantes de l'État dans de nombreux domaines n'arrangent rien.

Durant la crise du Covid, pour prendre l'exemple le plus patent, nous avons pris les devants bien avant que le gouvernement ne mette en place un plan de répartition et de distribution des masques. En trois jours, nous avons réussi, non sans mal, à trouver un fabricant et à régler toutes les formalités administratives pour passer à l'action. Des camions partaient depuis L'Haÿ direction l'est de l'Europe grâce à des chauffeurs roulant jour et nuit, déterminés à récupérer au plus vite le stock acheté.

À cette époque de la pandémie, l'obtention de masques par les particuliers était très difficile, quasiment impossible en France, y compris pour les personnes plus exposées au virus et plus fragiles que les autres. Avec plusieurs bonnes volontés et beaucoup de détermination, nous avons réussi à organiser un système de distribution auprès de toute la population.

Un défi logistique de taille que nous sommes parvenus à relever, grâce à la mobilisation des élus, des agents municipaux ainsi qu'aux centaines de bénévoles qui se sont proposés spontanément pour nous aider.

Après plusieurs mois d'attente et de tragédies, le premier vaccin finit par arriver et la France fait sa première commande massive.

À L'Haÿ, l'agence régionale de santé (ARS) m'appelle et me demande s'ils peuvent utiliser un local de la ville pour commencer à vacciner la population. Bien sûr que oui ! Quelques jours plus tard, on me confirme que L'Haÿ-les-Roses aura bien un centre de vaccination.

Son ouverture est prévue pour le début de la semaine suivante. Nous nous préparons donc à accueillir au mieux soignants et patients. C'est alors que je reçois un troisième appel. L'ARS me demande le plus naturellement du monde comment je compte vacciner la population. Je ne comprends pas. Je fais répéter mon interlocuteur qui précise sa demande : avec quels médecins vais-je vacciner la population ? Avec quel personnel infirmier vais-je prendre en charge les patients ? De quelle façon vais-je gérer les prises de rendez-vous, prendre en charge les cartes vitales, préparer les vaccins, gérer les stocks, assurer la sécurité du site… ?

Je tombe des nues. On nous sollicite pour un local et nous voilà en première ligne pour gérer de A à Z la totalité de la chaîne de vaccination, de la réception des seringues à la sortie des patients traités. Le délai pour remplir la mission : une semaine !

Totalement dépassé, désorganisé et dénué de moyens suffisants, l'État s'est entièrement défaussé sur nous. Il faut dire la vérité : l'État a bien financé la vaccination, mais la gestion opérationnelle de cette pandémie a reposé sur les communes.

Nous n'avons pas le choix. La situation est trop grave, le temps presse, la population tétanisée et à peine sortie d'un deuxième confinement compte sur nous.

Ce centre doit ouvrir. Tous les services sont mobilisés. Une sorte d'état d'urgence local. En seulement quelques jours, il faut aménager le lieu, l'équiper, trouver des médecins et infirmiers volontaires, mettre en place un système de prise de rendez-vous, informer la population, réceptionner les stocks, trouver le matériel suffisant et adéquat pour les conserver comme il se doit. Le tout en totale autonomie, sans aucune aide. C'est délirant, mais c'est la France.

Tant bien que mal, et grâce à l'investissement exceptionnel des équipes, nous parvenons à tenir les délais. Mes collègues maires font face aux mêmes échéances, dans les mêmes conditions absurdes.

Durant cette semaine, un courriel officiel nous informe que les doses destinées à notre centre seront stockées à l'hôpital Sainte-Anne, à Paris. Je déroule le message afin de prendre connaissance du jour et de l'heure de livraison… Rien… Rien n'a été prévu pour les acheminer jusqu'au centre de vaccination. Une fois de plus, débrouillez-vous.

La veille pour le lendemain, à nous de mettre en place la logistique nécessaire. Si l'enjeu n'avait pas été si important, je les aurais plantés là !

Inutile de préciser qu'à ce moment précis, nous n'avons aucune consigne ni marche à suivre. Les précieux flacons valent une fortune. Nous ne savons ni comment les manipuler ni de quelle façon les conserver dans les meilleures conditions.

Je me refuse alors à faire porter la responsabilité de leur récupération et de leur transport aux seuls agents municipaux. Ma décision est prise : j'irai personnellement les chercher. La veille de l'ouverture du centre. Un dimanche. S'il arrive quoi que ce soit aux vaccins, ce sera uniquement de ma responsabilité. Nous apprenons en fin de journée que les doses seront fournies telles quelles, sans contenant réfrigéré... À nous de trouver comment les transporter sans rompre la chaîne du froid. Qu'avons-nous à notre disposition un dimanche après-midi ?

Une glacière. Une simple glacière. Celle qui sert aux agents des services techniques de la ville et qui contient deux pauvres pains de glace.

Je finis donc par me présenter, glacière soigneusement désinfectée à la main, accompagné par certains élus de ma ville, aux aurores le lendemain à l'hôpital. Et tous les jours qui suivirent. Les médias me filment avec ma glacière bleue de camping. Et me voilà surnommé le « maire glacière ». Cette situation kafkaïenne serait si drôle si elle n'était pas à pleurer.

Cette anecdote illustre parfaitement l'absence de gestion au niveau national de toute cette crise. Quel désastre ! Combien de vies écourtées ? Combien de familles brisées ?

Durant tous ces mois d'anxiété et de souffrance, le gouvernement annonçait, et nous ramions pour suivre. Certes, la situation était loin d'être simple, il faut le dire. Mais l'État n'a pas été à la hauteur, il faut le dire aussi.

Une fois de plus, nous nous retrouvions seuls face à une population désarmée. Aucun contact avec le ministère de la Santé. Aucune mutualisation des efforts. Chacun pour soi. Je me souviens qu'à peine mon cabinet avait-il terminé de travailler sur les mesures de confinement qu'il devait se mettre... aux mesures de déconfinement ! Nous n'avions aucune visibilité. Chaque semaine, l'improvisation sur le plan national était totale.

Comment imaginer un tel manque d'anticipation dans un pays comme la France ?

Ce virus était moins mortel qu'on ne le craignait. Beaucoup de personnes fragiles sont malheureusement décédées durant la crise faute d'un système hospitalier préparé et équipé pour accueillir en masse des situations d'urgence. Tout manquait : le personnel, sa protection, le matériel, les lits. Ce système n'a tenu que sur le dévouement des soignants.

Qu'en aurait-il été si le virus avait été plus létal ? Je n'ose l'imaginer.

J'étais persuadé qu'il existait des plans d'urgence et de gestion de crise. Que chaque acteur du système de santé savait quoi faire. Quelle naïveté ! La réalité était bien plus simple. En dehors du « plan blanc » qui réquisitionne les soignants, rien n'était prévu.

Chaque semaine, l'improvisation était la règle. « Fermez les écoles ». Mais les soignants ont des enfants. « On n'y avait pas pensé ! »

Chaque jour contenait son lot de surprises.

Nous apprenons par la presse que les marchés doivent désormais fermer, « sauf exceptions ». Lesquelles ? Nous appelons la préfecture. Ils ne savent pas.

Nous tentons alors un coup de poker et obtiendrons le maintien des marchés en respectant des protocoles sanitaires drastiques. Grâce à ce coup de force, les L'Haÿssiens vont conserver ce bonheur du dimanche matin sans prendre de risque. Les commerçants sont sauvés. Une petite victoire.

Mais à Paris, toujours pas de capitaine dans le bateau !

Prenons cette folie des capteurs de CO_2 dans les classes… Durant la crise, émerge dans les médias l'idée qu'il est essentiel que les écoles soient équipées de capteurs de CO_2. Quel intérêt ? Le capteur se déclenche quand le taux de CO_2 dépasse un certain seuil. Ce qui signifie que la pièce n'a pas été suffisamment aérée. Il suffisait jusqu'à présent d'ouvrir les fenêtres à intervalles réguliers. Pourquoi désormais nous demander d'acheter massivement des capteurs de CO_2, facturés des milliers d'euros au nom d'une fausse pénurie, pour les installer dans toutes les classes de toutes les écoles de toutes les villes de France ? Je n'ai toujours pas la réponse. J'en déduis simplement que des millions d'euros d'argent public ont été gaspillés.

L'État aurait dû prendre ses responsabilités, affirmer que cette mesure n'avait aucune utilité, si ce n'est peut-être celle de rassurer temporairement.

Cette crise sanitaire a révélé l'état d'urgence dans lequel se trouve notre système de santé. Des maux profonds qui doivent nous conduire à repenser totalement une organisation et un fonctionnement à bout de souffle. Pourtant autrefois admiré à l'étranger, notre modèle décline depuis des décennies.

Le système français est aujourd'hui en souffrance, à tous les niveaux. Que dire à ces familles endeuillées quand les secours sont arrivés largement trop tard ? À ceux qui souffrent des heures durant en attendant aux urgences ? À ceux qui en repartiront comme ils sont arrivés, faute de places disponibles ? C'est bien cela dont me parlent les habitants de ma commune. Comment gérer l'attente d'un rendez-vous médical que l'on sait pourtant urgent ?

Comment résorber ces déserts médicaux en attirant et en fidélisant les jeunes médecins ? Le *numerus clausus* a été l'une des pires mesures.

Il nous faudra attendre plusieurs années avant que la suppression de cette absurdité porte enfin ses fruits. En attendant, voilà où nous en sommes aujourd'hui : des spécialistes submergés qui, après un an d'attente, vous expédient en quelques minutes avant d'enchaîner avec le patient suivant, au risque de commettre une erreur médicale.

Trouver un médecin généraliste est devenu un parcours du combattant. Leur emploi du temps est surchargé. Le lien humain qui caractérisait la prise en charge a disparu. Du travail à la chaîne, une fois de plus. La fin progressive des vocations.

Notre système de santé est unique. Faisons en sorte qu'il le reste. Il n'est peut-être pas encore trop tard.

11.

La première des libertés

Bientôt dix années à la tête de la mairie, un bout de vie, avec des hauts et des bas.

Nous étions engagés sur trois priorités : redresser les finances de la ville qui étaient dans le rouge ; sortir du statut de ville-dortoir en redynamisant le cadre de vie et l'urbanisme ; et surtout un impératif pour nos habitants : la sécurité.

Nous avons bataillé, repris le terrain mètre après mètre, sans jamais baisser la garde. Parce qu'abandonner le moindre hall d'immeuble, la moindre cour, la moindre rue aux trafiquants, c'est abdiquer, et pour des gens qui ne connaissent que le rapport de force, c'est un signe de faiblesse avoué.

Lorsque la loi recule, c'est la violence qui avance. Quand on est confronté à cette assignation dans nos quartiers populaires, l'espoir de s'en sortir, l'espoir d'émancipation prend des allures de mirage inatteignable. Et alors, inévitablement, la démocratie plonge.

Longtemps les élus se sont crus à l'abri des menaces parce qu'ils portaient l'écharpe tricolore… Hélas, comme tous les autres symboles qui sont tombés les uns après les autres au fil des décennies, cela a été foulé aux pieds d'une nouvelle barbarie. Comment en est-on arrivés là ? Quel aveuglement nous a poussés au bord du gouffre ?

« Tout le monde déteste la police !! » Dans quel monde vivent ceux qui osent scander ce slogan ? Croient-ils vraiment à un modèle de société sans elle, où l'homme redeviendrait un loup pour l'homme ? Même avec beaucoup de recul, je peine à croire qu'une telle conviction soit réellement concevable. Bien sûr, il y a le monde des idées, abstrait, imaginaire, parfois utopique, où tout est envisageable, même les concepts les plus absurdes. Je pense à ceux qui défendent l'abolition des peines de justice, la destruction des prisons, la disparition du code pénal et de la notion d'infraction.

Quelle folie ! Ne voient-ils pas la réalité ? Les émeutes, les attentats terroristes, les agressions quotidiennes, les vols et cambriolages, la peur… Il y a au sein de notre société des délinquants, des criminels, des bandes organisées qui n'ont de cesse de s'en prendre aux honnêtes citoyens, à nous tous qui nous levons tôt pour travailler. Par convoitise, par haine, par mépris. Ceux qui théorisent la fin d'un ordre établi, ceux qui, pire, instrumentalisent ces agissements impardonnables à des fins électoralistes ou idéologiques le savent, j'en suis persuadé. Comment font-ils pour se regarder dans un miroir ?

À chaque explosion de violence, qu'elle soit individuelle ou collective, le niveau d'intensité augmente.

Ma famille l'a vécu dans sa chair. Désormais, dans notre pays, des groupes d'individus n'ont absolument plus aucune considération pour la vie humaine. Et ils n'attendent qu'une nouvelle étincelle, une nouvelle opportunité pour agir.

Il y aura une prochaine fois, c'est certain.

Les prétextes sont si faciles à trouver. Les solutions pour y échapper si faciles à nier. Serons-nous à la hauteur, en tant que société, ou subirons-nous de nouveau ? Ce serait le sentiment d'injustice et l'impunité supposée de la police qui auraient provoqué les événements de l'été 2023. Comment expliquer alors que, quelques semaines plus tard, à Nîmes, un enfant de 10 ans a été tué par une balle « perdue » dans un règlement de comptes sans que cela provoque le moindre soulèvement populaire ? Quarante personnes seulement ont assisté à l'hommage rendu au petit Fayed dans son quartier, avec toute la tristesse et le sentiment d'injustice qu'un tel drame provoque. Des caméras de télévision étaient là, elles ont pu filmer les trafiquants cagoulés qui continuaient leur « business », souillant de leurs cris la commémoration. Ils ont même imposé un couvre-feu au quartier, où ils sont chez eux. Voilà résumée ce qu'est devenue la vie quotidienne d'une partie des Français. Qui le dit ? Qui le dénonce ?

Dans ces conditions, comment imaginer envoyer vos enfants à l'école en espérant qu'ils puissent acquérir les outils nécessaires à leur épanouissement malgré la violence qui les entoure ? Comment, en tant que parent, rester serein à l'idée que votre enfant puisse basculer ?

En arrivant à la mairie, j'héritais, outre la nécessité du redressement des comptes publics, des conséquences de l'idéologie antisécuritaire de la gauche au pouvoir. Le bilan en matière de sécurité sur le territoire était simple : rien ! Les seuls agents municipaux vêtus de bleu qui circulaient dehors se consacraient à verbaliser les stationnements en infraction.

À peine dix jours après mon élection, je rencontre le président du plus gros bailleur social d'Île-de-France. Il a un problème, voire un très gros problème, avec un quartier de L'Haÿ, qui se trouve être, selon lui, dans son top 3 des plus difficiles dans toute l'Île-de-France. Un ensemble de cinq bâtiments sociaux, quatre cents logements, où un gang de trafiquants a pris possession des lieux. Les habitants sont terrorisés. Certains ont même été obligés de partir à cause des menaces, d'autres ont été transformés de force en « nourrices », les dealers cachant la drogue dans leur appartement afin d'échapper aux éventuelles descentes de police et donc aux confiscations. Il me demande l'autorisation de déployer des maîtres-chiens vingt-quatre heures sur vingt-quatre pour permettre aux habitants de rentrer chez eux. Mais les menaces sont fortes. Lorsqu'on met le canon d'une arme à feu dans votre bouche avant de vous rouer de coups, ou lorsqu'on asperge votre porte d'entrée avec de l'essence et qu'on dépose une petite boîte d'allumettes sur votre paillasson en guise d'avertissement, que pouvez-vous faire ?

Aller porter plainte ? C'est accepter le risque que quelqu'un vous voie et s'en prenne à votre famille. C'est à L'Haÿ, c'est partout. Voilà ce que font les mafias dans nos quartiers. N'ayons pas peur des mots. Elles se sont installées dans notre pays depuis des décennies. Et elles grandissent. Ces mafias ont pris le monopole de la force dans les quartiers. Ce sont elles qui y font la loi. Ce ne sont pas des quartiers de non-droit, car il y a bien un droit, des règles : celles des trafiquants. Et face à cette minorité d'individus déterminés et armés, la majorité silencieuse des quartiers subit.

Ailleurs, dans un secteur qui avait pourtant tout pour être tranquille, deux familles seulement pourrissent à elles seules la vie entière du quartier. Rodéos urbains, musique à fond à n'importe quelle heure du jour ou de la nuit, trafic de stups… Entre deux séjours en prison, ils ont réussi à embrigader d'autres jeunes dans une spirale toxique.

Nous venions tout juste de créer une police municipale. Dès notre arrivée, installés sur un canapé qu'ils ont placé sur la route, ils nous lancent :

– Ici, c'est chez nous, c'est nous qui faisons la loi, pas vous !

C'était leur territoire, nous étions les intrus.

Comme ils bénéficient de logements sociaux, la solution envisagée fut de tenter de les expulser. Car oui, il existe bel et bien une clause concernant les habitants qui créent des troubles sévères. Mais il faut prouver qu'ils créent ces troubles au sein de l'immeuble où ils habitent, pas dans le quartier. Les rapports de police n'y faisaient rien, pas plus que le casier de ces délinquants. Et par crainte de représailles, aucun habitant n'a osé témoigner.

Cette guerre de territoire a duré deux ans, deux ans durant lesquels une patrouille passait tous les jours afin de gêner les trafics et autres nuisances. Nos agents ont été menacés, suivis le soir quand ils quittaient leur service, les pneus de leur véhicule personnel ont régulièrement été crevés. Le poste de police municipale a été attaqué.

Le maire et les élus, tout comme le professeur des écoles, le médecin ou le policier, prennent de plein fouet tous les dysfonctionnements de l'État et ses renoncements. Il faut avoir la foi et beaucoup d'énergie car cela ne s'arrête jamais.

Je pourrais parler des mineurs étrangers isolés qui font des descentes pour s'attaquer aux plus vulnérables et leur voler leur argent aux distributeurs de billets, comme c'est arrivé plusieurs fois en centre-ville avec des enfants mineurs des pays de l'Est. S'ils sont interpellés, la seule chose que peuvent faire les services de police locaux, c'est de les garder quelques heures au poste pour leur faire perdre du temps avant de devoir les relâcher. Rien de plus. Impossible de relever leur identité : ils n'ont pas de papiers. Personne ne sait qui ils sont. Faire appel à un interprète coûte cher et si, par malheur, la police essaie de relever leurs empreintes, ils se débattent, se jettent par terre, pour pousser le policier à les saisir au risque d'être poursuivi pour violences sur mineur. Ce sont des enfants dont la vie a été détruite par les mafieux. Combattre ces réseaux, c'est sauver leurs futures victimes, sauver ces enfants d'une vie d'esclave !

Je pourrais aussi parler des squats.

Comme ce vieux monsieur qui, parti quelques semaines en vacances, ne peut plus revenir chez lui, des individus ayant élu domicile dans son appartement. Des mois de procédures, à ses frais, en prime.

À l'échelle de la commune, nous avons également

eu à faire face à un campement illégal de Roms sur le terrain de construction d'un futur groupe scolaire. La loi ne permet pas à la police d'intervenir et d'expulser les intrus, pourtant installés en toute illégalité, si le délai de quarante-huit heures après le début de l'occupation est dépassé. Bien entendu, ils s'installent le vendredi soir car ils savent que les agents communaux sont moins présents le week-end, et le font de manière discrète pour ne pas éveiller les soupçons. Ne nous reste plus que la possibilité d'entamer des procédures juridiques longues, complexes et coûteuses. Et attendre…

Entre-temps, le camp s'agrandit, la préfecture nous met en garde : si nous tentons de bloquer l'arrivée de nouveaux squatteurs avec l'aide de la police, c'est nous qui serons poursuivis. Il me semble important de souligner le rôle très actif que jouent différentes associations, dont certaines bénéficiaires de subventions publiques, qui attaquent les mairies et les services de l'État. Très bien informées, elles connaissent souvent mieux les lois que nous dans ce genre de situation. Elles filment, poussent à la faute, jouent sur les failles juridiques. Ainsi, elles déposent plainte contre la mairie et la préfecture, et nous voilà condamnés aux frais du contribuable à fournir un raccordement en eau, des sanitaires, des douches, à organiser la collecte des ordures ainsi qu'à fournir des tablettes numériques pour l'« éducation » des enfants. Côté électricité, le campement s'est déjà branché sur le réseau…

Puis les squatteurs décident de transformer une partie du campement en décharge sauvage. Ils passent des accords totalement illégaux avec de petites sociétés de BTP afin qu'elles viennent vider leurs camions.

Celles-ci n'ont donc pas à payer les frais de recyclage dans les déchetteries. Et c'est la ville qui devra gérer la dépollution du campement lorsqu'elle récupérera son terrain. Et ce sont les contribuables qui paieront, comme d'habitude.

La mairie n'entend pas baisser les bras et se laisser faire ; nous gagnons en appel. Mais alors que la procédure d'expulsion avance, après plusieurs mois d'attente, l'association qui accompagne le campement joue sur une faille juridique. L'expulsion des squatteurs est nominative. Un huissier a dû venir relever l'identité de chacune des personnes à expulser. Au dernier moment, lorsque la procédure est sur le point d'aboutir, l'association va organiser une permutation des squatteurs avec ceux d'un autre campement… La procédure d'expulsion tombe à l'eau, elle n'est plus valable. Il faut tout recommencer à zéro. C'est infernal.

Le chemin sera long, interminable : plus d'un an et demi de procédure et un an et demi de squat, de nuisances pour les riverains. Car la décharge est devenue une fonderie à ciel ouvert. Les enfants qui devraient être scolarisés servent de petites mains pour alimenter des feux toxiques sous les fourneaux, nuit et jour.

Une installation en toute illégalité, une occupation en toute illégalité, une pollution du terrain, des branchements électriques sauvages, des maltraitances sur mineurs, mais nous ne pouvons rien faire si ce n'est attendre les dates d'audience. Et payer huissiers, avocats, frais de justice…

Lorsque l'expulsion est enfin décidée, il est demandé à la ville – cerise sur le gâteau, si j'ose dire – de reloger une partie des squatteurs dans un gymnase communal. Le pire, c'est qu'ils refusent le gymnase et que finalement la préfecture, le contribuable donc, paiera les hôtels. On croit rêver. Quelques jours plus tard, ils repartent s'installer dans une autre commune. Un bras de fer absurde où les maires que nous sommes luttent sans moyens, sans soutien. On comprend l'exaspération qui ronge notre pays.

12.

Classements sans suite

Un jour, alors que je marchais dans le centre-ville, un individu en scooter, roulant à contresens sur le trottoir et, de surcroît, à une vitesse dangereuse, arrive vers moi. Je m'interpose car il met gravement en danger les piétons. Je le reconnais, c'est un habitué des délits ; il me reconnaît, je suis le maire. Il s'arrête et m'insulte, me menace, accélère et tente de me percuter. Je porte plainte au commissariat. Les policiers, qui ne connaissent que lui, se réjouissent. Il s'en est pris au maire. Cette fois, il va y avoir sanction... La police attrape l'individu en question et son frère jumeau. J'identifie aisément par sa tenue mon agresseur. Il passe la nuit en garde à vue. Dès le lendemain matin, j'apprends que la plainte a été classée sans suite dans la nuit. Il est libre. Pour quel motif ? Défaut d'identification ! Choqué, j'appelle la procureure de Créteil de l'époque pour chercher à comprendre. Elle m'expliquera la mort dans l'âme que le parquet est tellement débordé que ses substituts classent tout ce qu'ils peuvent quand il n'est pas fait usage d'arme ou si personne n'est blessé, pour pouvoir garder du temps pour les affaires sérieuses.

Voilà le triste état de la justice dans notre pays. J'ai un profond respect pour ceux qui tentent au quotidien de la faire vivre, mais une fois encore le système est en surrégime.

Les conséquences sont terribles : les individus qui transgressent la loi ne sont pas poursuivis, et développent un sentiment d'impunité totale. La police se décourage. C'est l'annonce de tous les débordements que nous avons pu connaître.

Lors de la campagne municipale de 2014, nous avons posé un certain nombre de questions aux habitants : Vous sentez-vous en sécurité ? Pensez-vous qu'une police municipale serait utile ? Le souhaitez-vous ? Plutôt que d'essayer d'imposer, l'idée était de prendre le pouls de la population, de sentir les besoins réels, mais aussi d'expliquer quelles seraient les missions, encadrées par la loi, d'une telle police.

Aujourd'hui, la présence de policiers municipaux est devenue banale dans beaucoup de villes, mais il n'en fut pas toujours ainsi. « Milice au service du maire », « nervis d'extrême droite qui se prennent pour des vrais policiers »... que n'a-t-on pas entendu ? Directement soumises au maire, ces forces dépendent entièrement des objectifs qu'il leur donne et des moyens qu'il y consacre.

Nous avons mis l'accent sur un recrutement exigeant. Tous nos agents sont d'anciens membres des forces de sécurité : ils sont sélectionnés, bénéficient d'équipements adéquats, de formations et d'entraînement constants. La réalité ? C'est grâce à eux que nous avons pu reconquérir des zones abandonnées aux délinquants.

Nous avons mis en place des « corridors de sécurité » avec vidéoprotection dans les quartiers les plus difficiles. Mais rien n'est jamais gagné. Tous les soirs, la brigade de nuit de la police municipale passe dans les halls d'immeuble, les secteurs sensibles. Elle évince les regroupements à l'origine de nuisances. Parfois, lorsque les délinquants partent à la confrontation, elle doit demander un renfort de la brigade anticriminalité (BAC).

Mais elle dispose d'une technique infaillible. Lorsque les délinquants créent trop de nuisances, les équipages reviennent le lendemain et s'installent près des points de deal. Ils y passent la journée, cassant tout le « business » du secteur. En général, ce sont les trafiquants eux-mêmes qui vont le jour même demander aux jeunes de se calmer. Ils ont trop à perdre à avoir la police sur le dos. C'est exactement ce qui s'est passé dans certaines communes lors des émeutes.

La justice et la police doivent avoir les moyens de mettre fin à la délinquance chronique et aux trafics de stupéfiants qui minent les quartiers.

Il nous a fallu deux longues années pour installer des caméras de vidéoprotection dans le fameux quartier du Jardin parisien. Deux années durant lesquelles le matériel était saboté, détruit mais, à chaque coup donné, nous revenions, sans jamais renoncer. Les délinquants allaient jusqu'à tirer au mortier d'artifice en plein jour sur les installateurs...

En 2019, lors d'une patrouille, le chef de la police municipale en a fait les frais. Un parpaing lancé du douzième étage d'un immeuble a traversé le toit de la voiture de police qu'il occupait et manqué de le tuer.

Ancien sapeur-pompier de Paris, ce militaire avait été

déployé sous mandat de l'OTAN au Kosovo en 2004 lors des émeutes sanglantes entre communautés serbe et albanaise. Les événements de juin lui ont donné, selon ses dires, un sentiment de déjà-vu. Profondément attaché à sa mission, il avait en ma présence repris un père s'adressant à son jeune fils lors d'une rencontre scolaire pour expliquer ce qu'est un policier.

– Tu vois, si tu n'es pas sage, le monsieur va te mettre en prison.

– Pardon, monsieur, vous pouvez dire à votre fils que nous sommes là pour le protéger, c'est ça notre priorité. Si vous lui apprenez à nous craindre, il ne viendra pas nous voir le jour où il en aura besoin…

Pour cela, nous observons scrupuleusement le cadre légal. Même s'il est complexe et que la moindre erreur matérielle peut entraîner l'annulation d'une procédure.

Nous vivons dans un pays où la parole de la police a parfois moins de valeur que celle de délinquants. Je me souviendrai toujours de la première fois où je suis allé assister à une audience au tribunal. Un jeune délinquant comparaissait devant le juge. Le ministère public explique qu'il a été interpellé par la police suite à des faits graves au sein d'une bande. Il demande la plus grande fermeté et une exemplarité de la peine. Le juge demande :

– Monsieur, qu'avez-vous à dire pour votre défense ?

Et le délinquant de répondre :

– M'sieur l'juge, c'était pas moi, j'étais pas là ce jour-là.

– Ah, je vous crois, je vous laisse le bénéfice du doute, affaire suivante !

Je me souviens du regard que se sont jeté en silence les officiers du ministère public à ce moment-là. Un regard empli de désespoir. Comment le travail des policiers peut-il être à ce point remis en question ? Pourquoi baisser les bras ?

Les délinquants tentent de semer la terreur et vont sans cesse plus loin. À plusieurs reprises, nous avons retrouvé dans les rues des inscriptions avec les coordonnées personnelles des policiers et de nombreuses menaces. Des agents qui ne font que leur travail et que l'on prend, eux et leur famille, pour cible. Ce fut encore le cas dans des halls d'immeuble, trois mois après les émeutes. Une affichette avec la photo d'un policier, l'inscription « poulet de la BAC », son adresse, l'étage et le numéro d'appartement, ainsi que sa plaque d'immatriculation…

On comprend alors pourquoi presque tous les policiers que je connais demandent à leurs enfants de taire leur profession lorsqu'ils sont à l'école. Certains cachent même à leurs proches le métier qu'ils exercent. Ils n'osent plus vivre là où ils travaillent, par peur des menaces et des représailles. Il fut un temps, pas si éloigné, où être policier, être au service de l'ordre et de la République, était un motif de fierté, et où personne n'aurait osé s'en prendre à eux. La peur a changé de camp. Nous devons renverser la situation, et très vite.

Car les policiers ne se sentent plus soutenus. Ils sont soumis à des procédures administratives de plus en plus complexes, où l'erreur ne peut qu'advenir et entraîner la nullité des poursuites. Ils sont confrontés à une violence sans nom, à une pression considérable, à des menaces de mort, à des jeunes de plus en plus violents qui n'ont rien à perdre. On les pousse à la faute. Les activistes n'hésitent pas, lors de manifestations par exemple, à les harceler, les caillasser, leur jeter des cocktails Molotov et, dès que les policiers chargent, à filmer et à diffuser sur les réseaux sociaux des extraits tronqués où il semble aberrant que des policiers fassent usage d'autant de fermeté.

Paradoxe : on leur demande des résultats, mais surtout pas de vagues.

Les rodéos sauvages sont un enfer pour les habitants mais dès qu'on tente de les arrêter et qu'ils prennent la fuite, il faut cesser toute poursuite car ils risqueraient de se blesser, ce qui embraserait le quartier.

Combien de policiers ai-je entendus me dire qu'ils n'auront jamais le soutien de leur hiérarchie et qu'ils seront sacrifiés sur la place publique ? Pourquoi d'ailleurs prendre des risques lors d'une interpellation et se mettre en danger, puisque le délinquant est ensuite relâché dans l'heure par absence de poursuites ? Parfois même, les policiers sont encore à gérer les règles de procédure que les délinquants sont de retour sur le terrain et reprennent leurs agissements. Ces derniers n'hésitent pas, bien entendu, à narguer ouvertement les patrouilles de police.

Le soutien matériel non plus n'est plus là. Au cours de mon mandat, j'ai déjà pris la décision de faire livrer des caisses de bombes lacrymogènes aux agents de la BAC car les leurs étaient vides et aucun réapprovisionnement n'était prévu par les services de l'État. Nous sommes loin de notre rôle. Mais devrais-je préciser que les agents gardaient à leur ceinture une bombe lacrymogène vide pour faire semblant d'être armés ? Comment voulez-vous que ces agents soient efficaces pour enrayer la délinquance sur la ville ?

La police n'est plus soutenue, ni par la justice – elle-même en grande détresse –, ni par la loi, ni par sa hiérarchie qui craint le tribunal médiatique. Cela doit changer. Pour autant, il faut prendre en considération la nécessité d'améliorer les relations entre les forces de sécurité et la population, en particulier avec la jeunesse. Il faut rétablir une fermeté, l'autorité de l'État, le respect des lois, mais dans une démarche constructive et respectueuse.

Utiliser le vouvoiement systématique, rendre obligatoires les caméras-piétons sur les agents afin de garantir les droits du citoyen mais aussi prouver la bonne foi du policier, permettre l'usage de drones pour filmer les interventions. Les pistes sont nombreuses, à portée de main.

Mais il faut d'abord tout repenser, tout reconstruire.

Et cela ne va pas sans le rétablissement d'une véritable justice.

Mon ami Frédéric Péchenard, avec qui j'ai tant de plaisir à échanger, ancien directeur général de la police nationale et aujourd'hui vice-président de la Région, chargé de la sécurité, m'a souvent répété que l'efficacité de la réponse pénale tenait en deux éléments finalement assez évidents : la certitude de la sanction (tout délinquant doit savoir qu'il sera puni) et la proximité de la peine avec les faits commis (une peine exécutée plusieurs années après les faits n'a plus de caractère pédagogique).

Pour cela, il faut une police équipée, une justice efficace, dotée de moyens lui permettant d'accomplir son rôle : sanctionner les comportements interdits par la loi, protéger les plus vulnérables, faire respecter les règles de vie en société. En concentrant les efforts sur la justice pour rendre les peines réellement dissuasives et la réinsertion réellement efficace pour éviter la récidive, c'est tout le travail de la police qui sera facilité. Elle n'aura plus à gérer des multirécidivistes avec des dizaines d'inscriptions dans leur casier judiciaire.

Pour rendre plus efficaces police et justice, les solutions sont nombreuses : simplifier les procédures administratives, développer l'usage des nouvelles technologies, passer le maximum de délits en contraventionnel pour permettre aux policiers de « taper au portefeuille » tout de suite plutôt que d'engorger la justice, prendre en compte de manière systématique les peines précédentes de façon à alourdir les sanctions en cas de récidive.

Aujourd'hui, les délinquants n'ont plus peur d'être incarcérés, c'est un fait. Ils savent que, même s'ils sont condamnés à de la prison ferme, celles-ci étant engorgées, ils finiront dans leur cité avec un bracelet électronique. Donc, aucun problème pour continuer leur « business ».

Et pour ceux qui terminent en prison, ils y retrouvent leurs amis, y créent de nouveaux réseaux. Les images tournées et diffusées sur les réseaux sociaux par les prisonniers qui s'en vantent sont scandaleuses. Ils se filment ? Oui, ils ont presque tous un portable ! Les trafics y sont perpétrés quasiment à la vue de tous, avec livraison de drogue, d'armes, de nourriture, par drone ou lancées par-dessus l'enceinte de la prison, depuis l'extérieur via un service à la Uber. Ou pendant les parloirs qui sont désormais sans séparation avec le visiteur, parce que la France est le pays des droits de l'homme (et du délinquant !). Ce sont les insultes continuelles envers les gardiens, l'apologie du crime face caméra, les consoles de jeux, les petites piscines gonflables à l'intérieur des cellules en été… Ou le manque flagrant de places de prison, de gardiens, qui ne peuvent plus procéder à des fouilles sans motif valable.

Dans un tel contexte, on voit que le redressement de la France ne sera pas une partie de plaisir. Cela demandera du temps, de l'énergie et sûrement « de la sueur et des larmes ». Mais c'est la condition de son redressement et de notre sursaut.

13.

Interdit d'interdire

Le mur est couleur béton, les lettres peintes en rouge, au pinceau, sont énormes : « IL EST INTERDIT D'INTERDIRE ! ». Je passe devant deux fois par jour, tous les matins pour me rendre au collège, puis pour rentrer chez moi. Il est situé dans un tunnel long de quatre-vingt-six mètres qui me permet de franchir le flux ininterrompu des véhicules au-dessus de ma tête sur l'autoroute A6. Il y a bien d'autres inscriptions, quasi illisibles : des tags au style et à l'esthétique approximatifs et quelques insultes gribouillées à la va-vite. Elles paraissent cependant minuscules, comparées à ce commandement ultime. Interdit d'interdire ? Le paradoxe me plaît, même s'il est étrange à mes yeux. Je m'amuse à en inventer d'autres et à les partager avec mes camarades.

On est en 1995, je suis alors très jeune ! Mais j'aime la façon que mon père a de parler des choses en termes simples. Un soir, je lui fais part de ce graffiti qui m'intrigue depuis un petit moment. À sa moue, je vois bien qu'il ne l'apprécie pas vraiment. J'ai alors droit à un petit cours d'histoire sur ce fameux mois de mai 1968. Bien plus tard, j'apprendrai que le slogan n'a jamais été utilisé par les manifestants, ni inscrit sur aucun mur ou tract. On le doit à l'humoriste Jean Yanne, qui aujourd'hui serait sans doute traité de « réac » par un certain nombre de personnes se revendiquant de l'idéologie libertaire. C'est assez amusant.

« Faire la révolution, c'est prendre le pouvoir et la richesse, pas les anéantir. » C'est aussi de lui !

Mon père me décrit une société patriarcale qui avait sûrement besoin de s'ouvrir, d'évoluer, notamment sur la place des femmes, les libertés individuelles… Mais il me met également en garde contre l'excès inverse. Et si, dans une société, nous n'avions plus aucun interdit ? Si chaque individu pouvait faire absolument tout ce dont il a envie ? La liberté, totale, sans aucune règle. Et après ?

Il m'explique ce qui devrait être une évidence : sans ordre, sans lois, sans devoirs, il n'y a ni droits, ni justice, ni liberté.

À un récit collectif, le « nous », qui avait besoin d'une mise à jour certaine, l'esprit post-68 a opposé son exact contraire, l'explosion de l'individu, le « je » comme absolu. Jusqu'à l'absurde ou le tragique. Enfin libéré des supposés carcans rétrogrades du passé, l'individu allait pouvoir s'épanouir pleinement, sans aucun interdit ni tabou. Des enfants qui, au sein de la cellule familiale, avaient trop peu d'espaces d'expression, nous sommes passés quelques dizaines d'années plus tard à l'enfant-roi qui n'admet plus l'ennui, encore moins la frustration, et qui finit par ne même plus respecter ses propres parents.

Comme toute histoire, celle-ci a l'impérieuse nécessité d'être à son tour mise à jour. L'intérêt général remis au centre de nos vies, l'ordre, l'autorité rétablis.

Vingt ans plus tard, je vais retrouver ce vieux graffiti.

Avec mes élus, j'ai alors l'envie de recréer du lien dans ma ville. L'idée sous-jacente, c'est d'impliquer les gens dans leur environnement direct, qu'ils se réapproprient ce qui les entoure. Certains locataires des tours du Jardin parisien, une toute petite minorité, avaient pour habitude de jeter leurs poubelles par la fenêtre. Les bailleurs sociaux avaient essayé de régler le problème, sans succès. Avec une association de quartier, nous lançons un chantier citoyen avec les familles pour créer un petit jardin au pied de la tour avec des pieds de tomates et des herbes aromatiques.

Quelle naïveté, n'est-ce pas ?

Pourtant, ça a marché.

Je garde un souvenir particulier de la traversée de ce tunnel en allant au collège. La grisaille, les tags, l'obscurité relative. Je n'avais pas peur mais je n'étais pas particulièrement à l'aise pour autant. Le graffiti est toujours là, auquel se sont ajoutés entre-temps divers tags anti-police. D'un désir presque puéril et égoïste d'une liberté sans entraves, nous sommes entrés dans l'ère de la haine et du rapport de force constant. Je pense à tous ces jeunes gens qui font à leur tour ce trajet quotidien.

Dans le cadre de chantiers citoyens, nous proposons donc aux habitants du quartier qui le souhaitent de repeindre le tunnel… tout en blanc.

Cela pourrait presque ressembler à une provocation.

Et pourtant, là encore, ça a fonctionné. Il a fallu attendre plus de deux ans avant que la « toile » ne soit souillée. Deux ans, ce n'est pas si mal, non ?

14.

Sévices publics ?

Dès mon élection, à 29 ans, je suis frappé par une obsession assez répandue : la distinction entre le « privé » et le « public ». Parce que publique et tournée vers l'intérêt général, une collectivité ne pourrait pas mettre la rentabilité au cœur de son fonctionnement... Ah bon ? Et pourquoi ça ?

Facile à dire. Plus dur à mettre en œuvre. Heureusement pour nous, au cours d'un entretien d'embauche pour le poste le plus important de la mairie, celui de directeur général des services (DGS), je tombe sur la perle rare pour mener à bien cette mission. De lui-même pendant l'entretien, il me dit que, si nous sommes amenés à travailler ensemble, il aimerait gérer la collectivité « comme dans une entreprise ».

– Une entreprise publique, certes, mais une entreprise quand même !

Il a eu le poste.

Comprenons-nous bien, une mairie n'est pas une entreprise classique. Elle n'a pas de capital, et donc pas d'actionnaires à rémunérer. Elle n'est pas tenue à faire des bénéfices. L'essentiel de ses revenus vient de la fiscalité et des dotations de l'État.

Pour autant, je crois qu'il est possible d'imaginer que nos concitoyens sont à la fois des clients et des actionnaires. Des clients parce qu'ils utilisent quotidiennement les services de la municipalité et qu'ils ont le droit d'être exigeants et d'attendre « le meilleur au meilleur prix ». Des actionnaires parce que, comme dans une grande entreprise, ils sont appelés à voter la confiance à l'équipe dirigeante qui les représente.

Sauf quelques rares prestations comme la cantine, les accueils de loisirs, les spectacles, etc., aucune contribution directe n'est demandée à ces « clients citoyens ». Ils ne font pas un chèque à chacune des interventions de la police municipale. La rentabilité doit donc être ailleurs : combien coûte réellement le service proposé et peut-on faire mieux avec moins ?

Nous avons, en tant qu'administration, des comptes à rendre aux administrés. C'est leur argent qui paie le service public. Ils travaillent et paient taxes et impôts pour cela.

La recherche de l'optimisation des coûts couplée à l'amélioration du service a donc été notre boussole.

Cela a impliqué beaucoup de changement et nécessité beaucoup de pédagogie. Mais, au final, cette méthode de travail a permis en dix ans d'investir plus que les trente années précédentes tout en désendettant la ville. De rendre de meilleurs et plus nombreux services pour moins cher qu'avant. Et de geler la fiscalité communale. Maximiser l'intérêt général au meilleur coût, c'est ça, selon moi, la définition de « l'entreprise de service public ».

Imaginons un instant ce que ça pourrait donner à l'échelle de l'État ?

Le statut de fonctionnaire par exemple. Quand mènerons-nous une réflexion poussée sur l'avenir du statut, notamment de la fonction publique territoriale ? L'emploi à vie ne se justifie plus.

Je crois au rapprochement vers le contrat privé, pour une plus grande flexibilité, pour plus d'efficacité.

Une réflexion à ce stade : oui, les agents publics doivent gagner davantage quand ils travaillent plus et mieux ! N'ayons pas peur des mots, s'ils dégagent des gains de productivité, il est normal que ceux-ci soient équitablement partagés et qu'ils en bénéficient en termes de pouvoir d'achat.

Partout, le mérite individuel devrait être mieux récompensé. Figurez-vous qu'aujourd'hui il m'est impossible d'attribuer une prime exceptionnelle à un agent. Certaines communes passent par des heures supplémentaires payées mais non effectuées pour récompenser les agents méritants.

La fonction publique ne peut pas être un refuge pour ceux qui ont peur de prendre des risques. Elle doit attirer les vocations de ceux qui ont le goût du bien commun. Nos fonctionnaires ont pour la plupart une haute idée de leur mission. Mais comment ne pas se démotiver quand ceux qui font le moins gagnent autant que ceux qui font le plus ?

La vérité ? Les grilles d'évolution correspondent à un autre temps. La catégorisation est obsolète. Les salaires sont trop bas. Certains des agents de L'Haÿ-les-Roses sont les moteurs des services publics que nous proposons. Sans eux, les choses seraient différentes. Ils sont une réelle chance pour notre ville. En tant que maire, je suis dans l'incapacité de les récompenser à leur juste valeur. C'est rageant.

Et alors que nous n'avons aucun moyen de revaloriser ou de faire avancer la carrière des agents les plus investis, nous n'avons pas non plus de latitude à l'égard des agents qui, au mieux, ne font rien, au pire, nuisent au service. Ils sont une minorité, mais qui sapent en coulisse le moral des troupes et la qualité du service.

Dans le registre des absurdités qui pullulent au sein de nos administrations publiques, il faut bien évoquer la pratique des marchés publics. Peu après mon élection à la mairie, nous avons lancé un chantier de rénovation d'une école particulièrement vétuste. Très vite, l'entreprise prestataire qui a décroché le projet s'est révélée défaillante, l'avancée des travaux était loin d'être à la hauteur de nos espérances, sans parler des malfaçons partout, jusqu'à se tromper de dimension pour les fenêtres. Une catastrophe.

Dans le privé, lorsqu'un nouveau chantier se présente, grâce au bouche-à-oreille ou à votre expérience, vous évitez soigneusement de faire appel à une entreprise défaillante.

Une administration, elle, ne peut pas.

De fait, le régime français des marchés publics interdit de tenir compte des avis des autres, de juger sur pièces. Seuls comptent l'offre en cours, le respect du cahier des charges et les contraintes budgétaires. Ainsi, cette même entreprise pourra tout à fait remporter un nouveau chantier de rénovation, dans ma commune ou dans une autre, sans que nous puissions intervenir. Ce cas n'est pas isolé. Il existe en effet de nombreuses sociétés très douées dans la production de dossiers bien ficelés et totalement incompétentes au moment de réaliser ce pour quoi elles ont été retenues. Le tout payé par l'argent public.

15.

Les ennemis de l'intérieur

La France va mal. Il est temps d'être lucides et de le dire clairement. Cessons de nous voiler la face. Cessons d'avoir peur.

Certains individus s'attaquent à notre modèle de société, à nos valeurs, à notre culture. Ceux-là sont nos ennemis. Ceux de l'intérieur sont les plus difficiles à combattre. La raison ? Ils se fondent dans la masse, tout près de nous. Beaucoup sont des citoyens français et bénéficient de nos droits, sans pour autant respecter leurs devoirs. Ils bafouent le respect des règles de notre société. Ils accaparent les avantages et laissent aux autres les inconvénients. Bien souvent, ils retournent purement et simplement les lois, nos lois, censées nous protéger d'eux pour agir contre nous. La situation ne peut plus durer, nous ne pouvons plus nous le permettre. Trop de nos concitoyens sont en souffrance.

Les menaces sont nombreuses. Il y a bien entendu les délinquants et les criminels de carrière, ces multirécidivistes au casier un peu plus lourd chaque année, sans que la justice parvienne à les stopper.

Des personnes qui cambriolent, agressent, escroquent, volent nos concitoyens. Aussitôt prises, aussitôt relâchées.

Les trafiquants de drogue font partie de cette frange de population qui installe et entretient la violence au sein des quartiers, qui nuit au cadre de vie de ceux qui travaillent honnêtement. De ceux qui souhaitent tout simplement vivre en paix.

Mais il y a aussi les extrémistes. Politiques. Idéologiques. Ceux prêts à tout pour imposer leurs convictions, leurs dogmes, leurs mensonges. Notre modèle de société, notre vivre-ensemble, nos valeurs ne leur conviennent pas, et ces minorités œuvrent au quotidien à faire plier la majorité. Parmi ces extrémistes : les séparatistes religieux. Ces derniers représentent la menace la plus difficile à combattre, la plus insidieuse tant elle est difficile à évaluer et à condamner. La menace de ceux qui veulent remplacer le modèle idéologique français, l'universalisme républicain, par une version communautaire et dogmatique de la société.

Ces ennemis-là n'ont pas d'armes ni de cocktails Molotov à la main. Ils avancent dans les esprits davantage que dans la rue. Ceux-là triomphent chaque fois que nous renonçons. Ceux-là endoctrinent à la moindre déception.

Notre jeunesse est leur première cible. Ils travaillent sur le long terme, s'immiscent sur les réseaux sociaux, les forums de jeux en ligne, les associations de quartier, les structures d'enseignement, en silence.

Résultat ? Une remise en cause progressive mais continue de nos valeurs fondatrices.

Ils retournent la laïcité contre nous. Pour mettre la foi au-dessus de la loi. C'est le contraire de la République.

La radicalisation n'a pas d'âge. Elle n'a pas de territoire. Elle touche toutes les classes sociales, s'installe sur des pans de territoire beaucoup plus vastes que ce que nous imaginons. Qu'attendons-nous pour réagir ? Des manifestations pro-Hamas à Londres, au lendemain des attentats contre Israël en octobre 2023, à celles de Sydney aux cris de : « Il faut gazer les juifs », ce n'est plus un sentiment, c'est une réalité qui se répand à vitesse grand V partout en Occident.

Devons-nous cautionner qu'un professeur d'histoire, face à des élèves qui refusent de l'écouter traiter certaines périodes de l'histoire, finisse par céder par peur de représailles ? Devons-nous cautionner que des élèves refusent de participer au cours de sport pour les mêmes raisons ? Mais où trouver le courage quand ces professionnels savent pertinemment qu'ils ne seront pas soutenus par leur hiérarchie ? Comment vaincre la peur ? Jusqu'à quand nous laisserons-nous dominer par le « pas de vagues » ? Je me mets à la place de tous ces messagers, faisant leur maximum pour instruire : ils pensent sûrement à leurs collègues, Samuel Paty et Dominique Bernard qui prenaient leur métier à cœur, portés par une véritable vocation : transmettre un savoir, des clés de compréhension du monde, développer l'esprit critique et qui, pour ces raisons précisément, ont fini dans un bain de sang.

Par peur, nous abandonnons petit à petit. Pas après pas, la laïcité recule parce qu'il n'y a pas de front collectif. Chaque enseignant, chaque acteur de la société se retrouve seul.

Il faut commencer par avoir le courage de désigner l'adversaire.

Dans une enquête sur l'insécurité dans les transports en commun, commandée tous les deux ans par l'indiscutable vice-président chargé de la sécurité de la région Île-de-France, Frédéric Péchenard, on apprend que la première source de sentiment d'insécurité évoquée par les usagers concerne la musique. Eh oui, cette musique si forte qui dérange toute une voiture de train ou un bus. Tous les passagers voudraient faire baisser le volume de celui qui dérange, mais là nous arrête le sentiment d'insécurité : comment va réagir la personne concernée ? Violence verbale, violence physique ! Aujourd'hui, on tue pour un regard en croix, comme le dit si bien Calogero dans sa chanson *Un jour au mauvais endroit.* En réalité, tout commence par un petit renoncement, puis un autre, jusqu'au jour où c'est trop tard. Il suffirait qu'ensemble nous disions : « Stop, ça suffit ! » Nous ne voulons plus tolérer cette impunité, cette délinquance qui accapare tous les droits, qui s'est octroyé le monopole de la force et de la peur.

À L'Haÿ-les-Roses, c'est une jeune femme qui vient se présenter pour candidater dans une structure d'aide aux devoirs au sein d'un quartier. Elle porte un foulard coloré, type hijab de sport. À ses côtés, sa mère entièrement vêtue de noir des pieds à la tête ne prononce aucun mot durant l'entretien. La directrice, une femme avec beaucoup de caractère et d'implication au sein de cette structure municipale, l'évalue positivement et lui annonce qu'elle est prise pour le poste. Rendez-vous est donné la semaine suivante. Au moment de se dire au revoir, elle lui demande bien entendu de respecter les consignes de laïcité, « comme à l'école ». Elle sera comme les professeurs en contact avec les enfants, donc pas de signes religieux ostentatoires. Une évidence.

C'est à ce moment précis que la prétendue mère sort alors rapidement une carte de visite de son sac qu'elle lui tend en lui déclarant dans un français impeccable qu'elle est avocate au barreau de Paris et qu'elle va entreprendre une procédure auprès du défenseur des droits pour pratique illégale et discriminatoire !

Vous voulez connaître la meilleure ? La République a bien renoncé. Le défenseur donnera raison à cette femme. L'aide aux devoirs n'est pas l'école. Le port du voile ne peut donc y être interdit. Tout comme pour les sorties scolaires.

La condamnation fut symbolique mais tout de même prononcée. Quelque temps plus tard, j'ai appris que le duo avait reproduit ce schéma dans d'autres communes. Cette démarche illustre non seulement le travail de sape souterrain qui se fait au sein du territoire pour détruire notre laïcité, mais surtout à quel point notre système est instrumentalisé et retourné contre nous. Cela ne peut plus durer.

Cette structure est installée au pied des tours HLM, dans de grands appartements transformés en locaux. Les bénévoles sont là pour aider, tous les soirs, les enfants en difficulté et leur procurer entre autres un « rempart laïc ». Soixante-dix bénévoles menés par un sacré personnage, une femme de gauche, féministe, d'origine libanaise, qui n'hésite pas à se « friter » avec les intégristes du coin. L'accuser de « discrimination » est au mieux ridicule, au pire extrêmement dangereux.

Si la structure disparaissait, faute de bénévoles, qu'est-ce qui la remplacerait ? J'ai bien peur que, la nature ayant horreur du vide, un autre type d'enseignement serait mis en place, de façon bien moins laïque, propageant une autre vision du monde, notamment sur la place de la femme. Ce qui était une évidence doit être désormais rappelé avec force. La soumission des femmes, c'est le contraire de la République : ceux qui veulent bafouer les droits des femmes n'ont rien à faire en France. La polygamie, c'est interdit par la loi : les polygames n'ont rien à faire en France. Quant à l'excision, c'est une violence sexuelle : ceux qui veulent la pratiquer sur leurs enfants ne sont pas les bienvenus en France.

En tant que maire, le combat est quasi permanent, chronophage même, lorsqu'il y a des procédures engagées et lorsque l'État, par le biais du défenseur des droits, se retourne contre nous. C'est si difficile à comprendre, à encaisser.

Ils font un usage massif des réseaux sociaux pour désinformer, font pression sur ceux qui s'opposent à eux, manipulent les médias, retournent le système juridique, recrutent au sein de la jeunesse, modifient les prismes de pensée pour, *in fine*, exploiter leurs prochains à des fins purement personnelles. Chacun a le droit en France de croire ou ne pas croire. Mais il a le devoir de faire passer la loi au-dessus de la foi. C'est une condition indispensable à la concorde nationale. En France, on n'impose pas aux autres ses croyances et son mode de vie. Il n'y a pas à trembler quand il s'agit de préserver notre culture millénaire, nos coutumes, notre société, nos valeurs.

16.

L'école, escalier social ?

À la maison on ne parlait pas vraiment de politique. Avec le recul, les récits de la Seconde Guerre mondiale de mes grands-pères ont sûrement dû imprégner quelque chose en moi, la figure de De Gaulle, ce côté « même si tout a l'air foutu, on lâche rien et on se bat... ». Mais personne autour de moi n'était politisé.

C'est à partir de la 1re au lycée, avec un prof pas comme les autres, M. Bobin, que je commence à discuter de politique. C'est mon professeur principal, il nous enseigne les sciences économiques et sociales. Avec lui, je découvre le sociologue Bourdieu et sa vision de la reproduction sociale, les théories économiques des libéraux ou des keynésiens. Aujourd'hui décoré des insignes de chevalier des palmes académiques, il est ce genre de prof qui change une vie d'élève. Il me fait penser à la chanson de Jean-Jacques Goldman :

C'était un professeur, un simple professeur
Qui pensait que savoir était un grand trésor
Que tous les moins que rien n'avaient pour s'en sortir
Que l'école et le droit qu'a chacun de s'instruire [...]

Déjà à l'époque, il était de ce genre-là. Ensuite il est devenu principal de collège dans des zones pas simples de notre département du Val-de-Marne. Chaque fois, parce qu'il croit profondément au fait que l'école, l'éducation peuvent changer le monde, il a innové, expérimenté, redonné du courage et de l'envie aux enseignants. Peu après avoir été élu maire, j'ai eu l'occasion de le retrouver. Toujours aussi inspirant. La magie de la vie fait qu'aujourd'hui il est principal de l'un des deux collèges de L'Haÿ-les-Roses. Un collège en perte de vitesse, dont il remontera la réputation et le moral des troupes en moins de deux. Quelle émotion lors de la première remise conjointe des brevets aux collégiens de la ville ! Le rencontrer avait changé ma vie d'une certaine façon, comme cela avait dû changer celle d'autres élèves. Il avait dû voir quelque chose en moi, toujours est-il qu'il me poussa à travailler davantage :

– Ne gâche pas ton potentiel ! Si tu te mets au boulot, tu pourrais faire une classe prépa.

– Une quoi ?

Avant qu'il m'en parle, j'ignorais jusqu'à l'existence de telles filières.

Bac ES (économique et social) en poche, j'intègre une prépa publique d'école de commerce à Massy. Comme beaucoup de jeunes du quartier, je n'aspirais qu'à m'élever dans l'échelle sociale et gagner ma vie.

À dix kilomètres à vol d'oiseau de mon quartier et de ses problèmes, je découvre une tout autre réalité. Le premier choc : habitué jusque-là à des classes bordéliques, où les bavardages et le chahut étaient la norme, je découvre le silence. Les élèves sont sérieux, concentrés, bosseurs.

J'étais un peu privilégié par rapport à mes copains de quartier. J'avais la chance de partir en vacances en Normandie, chez mes grands-parents paternels, ou en Italie, chez mes grands-parents maternels. Mais ces nouveaux camarades de classe avaient voyagé un peu partout dans le monde, leur niveau d'anglais est bluffant. Je me rends compte que je n'ai jamais appris à travailler, pas eu de cours particuliers, aucune organisation, je pars de loin.

Je sens bien que je vais en baver mais très vite j'ai la sensation d'avoir dépassé ma condition.

Voilà aussi pourquoi, en tant que maire, le dispositif de réussite éducative me paraît un outil indispensable. Repérer les difficultés d'apprentissage des enfants le plus tôt possible, en prenant en compte l'environnement familial et social, l'aspect psychologique, afin de les accompagner au mieux, grâce à des dizaines de bénévoles dévoués, peut transformer des vies.

Jérôme Fourquet, dans son ouvrage *La France d'après*, reprend les mots du linguiste Alain Bentolila, « l'insécurité linguistique », qui, par la pauvreté du langage et tout ce qu'elle induit dans la construction « bancale » de l'enfant, le conduit à une relation à l'autre totalement altérée, diminuée. En résultent alors d'autres modes d'expression : l'agressivité, la violence.

L'Institut national de l'audiovisuel diffuse sur YouTube des extraits d'émissions télévisées des années 60-70. Expérience troublante que d'entendre la richesse linguistique, ici d'un élève de collège, là d'un ouvrier sortant de l'usine. Cela doit nous interpeller, si nous voulons avoir les citoyens de demain le plus émancipés possible.

L'école de la République doit de nouveau, et pour toutes les familles, incarner l'espoir, et elle doit redonner envie à chaque enseignant d'y transmettre son savoir. Déjà à mon époque, l'ascenseur social était cassé, mais si on était motivés, on pouvait prendre l'escalier.

Cela passe par un retour effectif de l'autorité de l'adulte et du professeur. Dans certains quartiers, nos professeurs passent aujourd'hui plus de temps à tenter de faire régner l'ordre dans leur classe qu'à élever intellectuellement les élèves, et des pans entiers de programme sont laissés de côté.

Sans même parler des drames récents, enseigner est devenu un sport de combat. En témoigne le nombre chaque année plus faible de candidats au CAPES ou à l'agrégation… et un diplôme de plus en plus bradé.

Pour cela, nous avons besoin d'une vision de long terme. Malgré les évolutions technologiques et neuro-scientifiques, nous enseignons avec les mêmes méthodes qu'il y a cinquante ans. La discipline en moins. Résultat ? Le déclassement de l'éducation française à l'échelle européenne.

L'Éducation nationale implique une action pérenne, un projet ancré dans la durée, une stratégie pluriannuelle passant outre les remaniements ministériels. Surtout, elle requiert une réforme structurelle pour répondre aux évolutions de la société. Quelques solutions existent et sont à notre portée : réforme du système d'affectation des enseignants fraîchement diplômés, mobilisation des nouvelles technologies, introduction de l'intelligence artificielle dans les méthodes d'enseignement... Qu'attendons-nous ?

L'objectif : lutter contre l'absentéisme, le décrochage scolaire, tisser un lien entre les familles et le parcours de l'enfant, encadrer, aider.

Dans ma commune, des actions de soutien scolaire, des activités sportives et culturelles, tout comme un accompagnement familial quand cela est nécessaire, sont assurés dans les quartiers prioritaires. Je ne suis pas dupe, ce programme n'est pas générateur de miracles. Mais il a évité des erreurs de parcours, maintenu de nombreux jeunes dans le droit chemin et, je l'espère, permis à certains d'aller jusqu'au bout et de réaliser leurs rêves. Tel le colibri, on fait notre modeste part. Mais c'est bien tout le système qu'il faut réformer.

Certains ne seront pas d'accord, mais pour moi l'école doit être le creuset de l'assimilation républicaine.

Rappelons ce que dit notre droit : « Nul ne peut être naturalisé s'il ne justifie pas de son assimilation à la communauté française, notamment par une connaissance suffisante, selon sa condition, de la langue française », précise aujourd'hui le code de la nationalité.

L'assimilation. Un mot qui divise autant qu'il effraie. Un concept si stigmatisé et pourtant si commun. Quoi de plus naturel que d'embrasser la culture du pays dans lequel on vit ? Pour s'y sentir chez soi. Pour y être épanoui. Quoi de plus naturel que de s'acclimater aux us et coutumes qui nous entourent ? Pour vivre en société, tout simplement. Le malaise qui s'empare soudainement d'un groupe quand le mot fatidique est prononcé. Effrayant.

Lorsque mes grands-parents italiens sont arrivés en France, ils ont dit à ma mère, leur petite « Marinella », que désormais elle s'appellerait « Marielle ». Elle n'a rien perdu de ses racines italiennes, mais ses lointains ancêtres étaient désormais des Gaulois !

Il ne s'agit pas d'oublier sa propre histoire. Il ne s'agit pour personne – moi le premier – de renier ses origines. Bien au contraire. L'enjeu est ici de faire comprendre qu'il est naturel d'apprendre l'histoire du pays dans lequel on vit pour s'y sentir bien, pour y partager une destinée commune.

Je suis fils d'immigrés, et mes parents m'ont transmis la langue, la culture, l'histoire et l'amour de la France. Je suis profondément convaincu que, sans cette transmission, sans cet héritage, je ne serais pas le même.

Je veux dire aux bien-pensants qui dénigrent la France à longueur de journée qu'on ne construit rien de bon sur la haine de soi.

17.

Le sens de la famille

J'ai été et reste profondément choqué et troublé de voir sur les images de vidéosurveillance des silhouettes fluettes d'enfants de 12 ans en train de participer au saccage de ma ville. Plus largement dans notre pays, on observe chaque année un rajeunissement des mis en cause pour des faits de violence. Chez nos cousins italiens, qui en termes de criminalité organisée ont un temps d'avance, on parle depuis quelques années des *baby killers*, ces jeunes de 14 ans enrôlés par la mafia pour commettre des meurtres. Nous n'en sommes pas très loin, hélas.

Il y a un véritable enjeu de société. Les causes ? Certainement l'environnement, la pression du groupe, une forme d'empathie pas assez cultivée ou carrément absente, et le manque de structure familiale solide, bien sûr. La présence des adultes, qui apportent amour et sécurité, mais aussi le système de valeurs qu'ils doivent inculquer dès le plus jeune âge aux enfants sont cruciaux.

Parler de l'importance de la famille aujourd'hui ? Dans l'époque sans nuances que nous vivons, c'est prendre le risque d'être catalogué comme un « réac » sur le retour. Je m'inscris en faux : on peut tout à fait embrasser la modernité et croire au rôle essentiel des parents et des grands-parents, du noyau familial.

Nous sommes, aussi, ce qu'ils nous ont transmis. En cela, j'ai eu de la chance. J'ai appris très tôt qu'il n'y avait pas un seul monde, une seule réalité à leur contact. J'avais ma vie quotidienne, et ma vie pendant les vacances scolaires, partagée chez mes grands-parents entre la Normandie et l'Italie.

Tout se mérite. Mon grand-père se levait à 4 heures du matin, commençait sa tournée pour nourrir les poules, les lapins, les pigeons... puis revenait nous chercher lorsque nous étions réveillés. Chaque petit-enfant avait un rôle à jouer, aidait, il y avait toujours quelque chose à faire.

Sans ma famille, où aurais-je appris l'amour de la nature, le goût de l'effort et surtout la solidarité et l'entraide ? Mes grands-parents m'ont transmis l'amour de l'enracinement, ce mot honni par les nouveaux inquisiteurs de la bien-pensance. Un enracinement lumineux, et non rabougri par une vision fantasmée du passé. Ils avaient ancrés en eux, encore aujourd'hui, un patriotisme régional, une culture, une langue, le frioulan. Ils ont réussi à garder leurs racines tout en se fondant totalement dans le pays qui les a accueillis, la France. Ils ont appris la langue, les coutumes, l'histoire, et les ont faites leurs.

Pour eux, et pour toutes ces générations d'immigrés, cela a marché. Comme un contrat entre deux parties, avec des droits, bien sûr, et aussi des devoirs. C'est aussi simple que cela mais il est bon de le rappeler.

Notre pays a des spécificités propres, fruit d'une

longue histoire mouvementée, dont nous devons être fiers. Comment vouloir vivre en France en n'acceptant pas de se plier aux lois et aux coutumes ?

Comment envisager même d'élever ses enfants dans un pays que l'on déteste ?

Enfant, j'avais aussi la chance d'avoir mes cousins et mes cousines pour me tirer vers le haut. L'un d'eux, qui vit en Italie, est un modèle pour moi. Il pratique les arts martiaux, cela me fascine, je veux faire comme lui ! Ça tombe bien, il y a justement un dojo à côté de l'école. Mes parents se serrent la ceinture et m'inscrivent au judo, plus tard au ju-jitsu. Les arts martiaux m'apprennent énormément de choses qui continuent aujourd'hui à me guider : une certaine discipline, le rapport au corps, l'affrontement encadré par des règles précises. Le respect y est aussi une valeur essentielle avec laquelle nul ne transige. Petit, j'étais très bagarreur. Les arts martiaux m'ont aidé à canaliser la colère et les frustrations.

Plus tard, au collège, c'est l'époque où je découvre le théâtre et le pouvoir des mots. Avec un camarade de classe, celui qui deviendra mon meilleur ami d'enfance, William, nous nous inscrivons aux cours de théâtre proposés par la ville. Financièrement, mes parents ne pouvaient m'offrir qu'une session par semaine, mais la pénurie de garçons pour jouer les rôles masculins me valut d'assister gratuitement à la deuxième session. Et d'y rencontrer pour la première fois une charmante jeune fille du centre-ville, Mélanie ! Celle qui deviendra l'amour de ma vie. Eh oui, c'est là que le destin la met sur mon chemin pour la première fois.

L'art oratoire, le jeu avec les textes, la découverte de cette sensation à la fois étrange et excitante qu'est le trac, je m'éclate.

Mes parents sont tous deux issus d'une famille nombreuse. Mon père, élevé d'abord en Haute-Saône puis en Normandie, a sept frères et sœurs. Côté maternel, c'est la famille italienne typique : des dizaines de cousins et cousines dont la majorité vit à Paris et en Île-de-France. J'adorais nos réunions familiales. J'avais la sensation d'appartenir à une meute solidaire, un clan qui se serre les coudes et s'entraide.

Mais c'était lors de ces occasions où on se racontait nos vies que j'ai commencé à me sentir différent. On discutait entre nous, de tout, de rien, et lorsque je me mettais à relater une anecdote du quartier, un combat de chiens clandestin ou une voiture volée par exemple, je voyais leurs visages changer. La violence au collège. Ils ne me croyaient pas. Naturellement, au bout d'un certain temps, j'ai fini par arrêter de leur raconter ma vie au quartier…

C'était presque comme si je revenais d'un pays lointain avec d'autres coutumes, d'autres lois. C'était cela, d'une certaine façon.

Il y avait le monde de la cité, et le reste, les autres. J'avais un mode de communication, des expressions, des mots, des codes avec l'extérieur, et un autre mode à l'intérieur du foyer. Pas d'argot à la maison, pas de rap non plus. Mon père avait compris très tôt que la maîtrise du langage était une clé indispensable pour l'émancipation sociale et la réussite.

Nous étions les seuls à habiter en cité. Lors de réunions de famille, d'anniversaire, de fête, nous n'invitions jamais notre famille chez nous. De peur que leurs voitures ne se fassent « visiter », ou gênés qu'ils voient l'état du quartier, l'urine dans l'ascenseur…

Disons les mots : la « honte ». Nous avions honte de vivre dans ce cadre-là.

Pour qui ne l'a jamais vécu, c'est difficile à concevoir. Ce sentiment écrase celui qui le ressent. Il peut parfois finir par créer de la rancœur, voire du ressentiment. Celui qui a honte finit par s'isoler, une vie sociale hors du quartier devient quelque chose d'impensable.

Les prises de conscience sont parfois en germe pendant des années, de façon souterraine, jusqu'au moment où un déclic se produit.

D'aucuns appellent cela « la fois de trop » : une dispute entre jeunes, comme souvent dans la cité. Des parents arrivent et s'en mêlent, une gifle, puis une autre, puis les poings se ferment, les coups partent, des bruits secs qui ne ressemblent en rien aux bruitages des films d'action. Cela finit en bagarre générale.

Je suis un spectateur ébahi de cette triste scène, mais mes yeux viennent de s'ouvrir. J'ai 14 ans et je me fais une promesse irrévocable comme on s'en fait à cet âge-là. Je me fais le serment que jamais je n'élèverai mes enfants dans un tel endroit !

18.

« Qu'avez-vous fait de nos idées, monsieur le président ? »

Peut-être de façon naïve, j'y ai cru. Le pays venait de traverser une crise profonde avec les Gilets jaunes, et l'idée du « grand débat » m'a tout de suite emballé. Ce président était plus jeune, plus moderne. Un grand débat ? Pourquoi pas. À L'Haÿ-les-Roses, je joue le jeu. Nous organisons trois réunions avec cet espoir qu'un dialogue nouveau allait pouvoir se renouer, alors même que la défiance d'une grande partie de la population envers les responsables politiques n'a jamais été aussi accablante.

Emmanuel Macron, accompagné de Sébastien Lecornu, ministre chargé des Collectivités territoriales, et de Julien Denormandie, chargé de la Ville et du Logement, se retrouve ce 4 février 2019 face à trois cents élus et responsables associatifs de quartiers populaires.

Une première pour nombre d'entre nous que d'être en prise directe avec le premier personnage de l'État. Une aubaine porteuse d'espoir. Faire passer un message, transmettre des remontées de terrain. Nous attendions tous ce moment avec une immense impatience. Nous tomberons tous de haut.

Nous sommes à Évry-Courcouronnes, en Essonne, dans la commune de mon ami et collègue à la région, Stéphane Beaudet.

L'exercice va durer six heures. Six heures ! Un huis clos auquel personne ne s'attendait et durant lequel, à plusieurs reprises, les intervenants expriment leur incompréhension face à l'abandon du rapport Borloo.

Ce document consacré à la « banlieue » avait été écrit avec une certaine liberté de ton par l'ancien ministre sous Chirac et Sarkozy. Ce projet qui ambitionnait de « changer radicalement la donne » en proposant « un plan massif de créations d'emploi » et « de reconquête républicaine » a été purement et simplement enterré un an plus tôt. Six mois de travail, de rencontres sur le terrain, tout cela pour finir dans un tiroir. Un gâchis. Quel dommage ! Et tout cela sous prétexte que « deux mâles blancs ne vivant pas dans ces quartiers » ne pouvaient trouver de solutions pour nos banlieues.

Vient mon tour de parole. Je n'ai que quelques minutes. Le temps est compté, les secondes sont précieuses. Il faut être efficace et concis. Je raconte brièvement mes origines, mon enfance dans une cité HLM. Je précise que, d'aussi loin que je me souvienne, ce quartier est appelé « quartier prioritaire » sans jamais avoir été la priorité de personne. Ce n'était pas facile mais nous avions quand même de l'espoir. L'espoir qui a disparu aujourd'hui, écrasé sous l'insécurité, le communautarisme, la radicalisation, les fermetures de commerces, les déserts médicaux… Une ghettoïsation devenue incontrôlable. Regardant le président de la République droit dans les yeux, je lui parle avec sincérité et avec l'espoir d'être entendu.

– Avec les copains à l'époque, on avait envie de dévorer le monde. On y croyait, on croyait en nos chances. On croyait à l'ascenseur social, d'où qu'on vienne. Et force est de constater qu'aujourd'hui il n'y a plus d'ascenseur, et il n'y a plus d'espoir. Avec mon équipe, on se bat pour redonner de la vie dans ces quartiers, on se bat pour essayer de redonner de l'espoir à des habitants qui n'en ont plus. Mais que peut-on faire seuls ?

Il écoute attentivement.

Oui, nous nous sentons bien seuls pour tenter de ramener tout le monde dans le droit chemin et alors que l'État est revenu sur les subventions allouées aux programmes de « réussite éducative », ces véritables remparts laïcs indispensables, il est difficile de penser que la situation pourrait s'améliorer. J'émets alors quelques propositions, des pistes de travail : donner plus de capacités et d'autonomie aux maires afin qu'ils puissent – enfin ! – agir en proximité et aborder toutes les thématiques liées aux quartiers en difficulté.

– Monsieur le président, je pense qu'il est grand temps de faire un plan pour la banlieue, un plan anti-ghettos, un plan qui permettra d'aller au-delà de ce que fait l'ANRU*, parfois sous-dotée financièrement au regard de l'ampleur des enjeux et, parfois, d'une complexité repoussante. Là où l'ANRU se contente d'attaquer essentiellement l'urbanisme, je crois qu'il faut attaquer sur tous les fronts. Il faut donner au maire la capacité de réunir autour de lui toutes les thématiques : l'éducation, la culture, l'intégration, le développement économique, l'emploi. Qu'il puisse

* Agence nationale pour la rénovation urbaine.

être le président d'une cellule dédiée à la reconstruction de ces quartiers. Je terminerai simplement en vous suggérant, monsieur le président, de réunir autour de vous un collectif de maires, une poignée de maires ancrés sur le terrain, qui soient capables de vous aider à bâtir le grand plan dont les quartiers populaires ont besoin. Merci.

Le président prend alors la parole et me lance en retour :

– Chiche ! Pour les quartiers, je vous dis chiche, monsieur le maire.

Je prends acte. Optimiste de nature, mais prudent par nécessité, je reformule mes propositions dans un courrier adressé au président de la République et aux ministres concernés. Je prends la plume pour coucher sur le papier cette idée de créer un comité local de la rénovation urbaine. Une instance nouvelle présidée par le maire et le préfet comme nous le faisons déjà sur la sécurité. Un énième rassemblement inutile, diront certains, une nouvelle crise de réunionite aiguë pour d'autres. Pour moi, c'est l'unique façon d'arrêter de travailler en solo, de dilapider de l'argent parce que chaque couche du millefeuille territorial finance son propre dispositif. Un nouvel outil pour mutualiser les moyens. Pour mettre les bailleurs sous pression… Bref, pour agir, pour avancer. Pour obtenir des résultats et améliorer la qualité de vie de ces parties de territoire oubliées sans que cela coûte davantage d'argent.

Je lance une bouteille à la mer. J'envoie cette première missive. Après tout, c'est lui qui m'a tendu la perche. J'aurai forcément une réponse.

Dans la foulée de ce premier courrier, j'en ferai deux autres de relance.

Il n'y aura jamais de suites...

Pas plus qu'il n'y a eu de suite au « grand débat » d'ailleurs. Quelle frustration pour tous ceux qui y ont placé de l'espoir. L'espoir d'être écoutés, entendus, compris et aidés. Ce « grand débat » pour tous n'aura été qu'une opération de communication rondement menée, à grand renfort de caméras et de *punchlines*. Résultat ? Rien. Pas une conclusion tirée, pas une once de concret. Le néant. Que répondre alors à tous les citoyens qui ont joué le jeu et se sont sentis trahis ?

L'idée était formidable, elle a été transformée en vide total.

Si je devais tout de même retenir une chose positive – je reste un optimiste combatif ! –, c'est qu'il me semble que le grand débat a ravivé la fibre démocratique, l'envie de confronter ses idées. Du moins pour une partie de ceux qui y étaient, pour une partie de ceux qui y ont cru.

Qu'allons-nous faire ? Pour ces quartiers, pour ceux qui y (sur)vivent ? Le problème est en réalité bien plus vaste.

La crise du logement que traverse notre territoire – car c'est bien là le cœur du problème – risque de rythmer nombre de conseils des ministres et débats à l'Assemblée nationale ces prochaines années... ou pas.

À l'inverse, il faut aider les plus modestes à accéder à la propriété, aider à la réhabilitation des logements insalubres et mal isolés, libérer le foncier disponible pour soutenir le marché, permettre aux bailleurs sociaux de pouvoir mettre fin à certains baux unilatéralement, redonner du pouvoir aux maires dans l'attribution des logements sociaux.

Par définition, un propriétaire sera plus respectueux envers son environnement, son immeuble, son quartier, ceux qui l'entourent. Par définition, un propriétaire sera moins vulnérable face aux accidents de la vie. Mettre fin à la location à vie, voilà une belle priorité. Nous devons provoquer une véritable transition urbaine au sein des quartiers les plus problématiques. Nous devons permettre l'émancipation des familles grâce à un vrai parcours résidentiel, où l'occupation d'un logement social ne serait qu'une étape pour démarrer une tranche de vie. La construction massive de logements sociaux est une mascarade. Le droit au logement opposable (DALO) aussi. À trop en faire, ne nous étonnons pas de générer et entretenir les cercles vicieux dont nous ne voulons pourtant plus. Des ghettos sociaux. Voilà ce que l'État nous impose de construire depuis des décennies. Cela doit cesser.

Un toit pour tous, oui, mais pas n'importe lequel !

Ayons le courage de voir la réalité en face. C'est en rendant temporaire l'occupation des logements sociaux que nous changerons le destin de milliers de familles, y compris celles des classes moyennes ; c'est en permettant à tous les Français d'être un jour propriétaires que nous consoliderons notre modèle social. Derrière cela, c'est bien de la dignité de la personne humaine qu'il est question. Il faut aider nos concitoyens à sortir d'une misère entretenue dans les ghettos, les aider à s'émanciper, à sortir pour certains de l'assistanat à vie, les accompagner pour qu'ils trouvent leur place au sein de la société, dans un habitat digne.

19.

Quartier à vivre... ou à survivre ?

Je m'étais juré que mes enfants ne grandiraient pas dans un endroit tel que celui où j'ai passé mon enfance. J'y suis arrivé. Mais pour ceux qui n'ont pas cette chance ? Pour ceux qui sont assignés à résidence ? Quelle ville, quel cadre de vie pouvons-nous leur offrir demain ?

Si le logement est l'une des nombreuses clés à même d'améliorer la situation dans laquelle nous nous retrouvons, il faut aussi entièrement repenser l'urbanisme. De façon quasi philosophique. Quelles villes voulons-nous pour les générations futures ? Quel aménagement du territoire ? Quelle architecture ?

On entend ce discours depuis trente ans : « Cassons les ghettos et tout s'arrangera » ; ou « Les entreprises ont donné des dizaines de milliards pour les "quartiers", rien n'a changé ! » Que s'est-il passé ? Où et comment l'argent a été dépensé ?

Détruire des barres pour les reconstruire à l'identique dans de nouvelles zones d'exclusion à coups d'argent public ne résoudra pas la situation. L'argent public doit servir de levier pour recréer des morceaux de ville à vivre. C'est-à-dire des quartiers mixtes. Mixités sociale, fonctionnelle et urbaine.

Le plan anti-ghettos que j'appelle de mes vœux coûtera de l'argent, mais c'est de l'investissement. Et combien ont coûté les émeutes ? Il doit être pensé sur le long terme.

Ce sera difficile, mais avons-nous vraiment le choix ?

Je dis souvent que si nous réussissons à apporter des solutions définitives, là où c'est le pire aujourd'hui, là où la République a le plus reculé, alors nous arriverons à apporter des solutions partout en France. Nos quartiers peuvent être le laboratoire de la reconquête. Que ce soit en termes d'urbanisme, d'aménagement, de tranquillité publique, d'éducation, d'emploi, etc. Si nous réussissons là, j'ai l'intime conviction que nous pourrons y arriver partout en France. Après tout, qui peut le plus peut le moins !

Nous devons avoir le courage de repenser totalement cet outil de solidarité qu'est le logement social. J'ai eu l'occasion de proposer lors du dernier congrès des HLM de France que le bailleur social puisse faire, tous les trois ans comme cela se fait dans le privé, une mise à jour, en étudiant la situation financière et familiale. Cela me paraît être une bonne chose.

Après-guerre vint le *baby-boom*. Il fallait moderniser les logements, en finir avec l'insalubrité, et permettre au plus grand nombre, notamment aux familles les moins aisées financièrement, de vivre dans des conditions décentes. Hélas, la reconstruction s'est faite trop vite, sans penser le bloc d'habitations dans un ensemble plus grand, sans véritable logique. Pourquoi les barres d'immeuble ont-elles été construites si proches les unes des autres ? Pour que la grue, une fois installée, puisse servir à deux bâtiments plutôt qu'un... Il n'y a qu'à voir le nombre de cités dont les voies d'accès sont des culs-de-sac : les recoins et sous-sols représentent autant de lieux désormais sources d'insécurité pour les habitants. Ne parlons pas des espaces verts.

Repenser le canevas d'un quartier, ou même d'une ville. Prendre en compte l'environnement physique, topologique, mais aussi les connexions, routes, chemins, et les intégrer aux projets urbanistiques de façon plus intuitive. Ces évidences doivent guider et orienter notre action.

Les architectes du passé pensaient utile, pratique, harmonieux. Aujourd'hui, ils auraient une fâcheuse tendance à ne vouloir montrer que leur savoir-faire et à épater la concurrence. Nous parlons d'un lieu de vie, avant d'être une œuvre d'art. Du tape-à-l'œil qui, hélas, vieillit souvent mal.

Une bonne politique d'urbanisme est pragmatique avec, au cœur de sa réflexion, la vie quotidienne de ses habitants, leur cadre de vie, leur environnement. Pour qu'un quartier soit beau, que les gens aient envie d'y habiter, il faut absolument le penser dans la durée et dans la pratique. S'il n'y a pas d'écoles, de commerces, de transports en commun à proximité, de lieux culturels ou sportifs, si pratique, confortable et esthétique qu'il soit, l'immeuble, ou la résidence, restera un « lieu dortoir » où le lien humain et social sera très difficile à créer.

Il y a un grand combat à mener pour ramener de la mixité sociale et fonctionnelle dans les quartiers, comme cela existait par exemple dans les immeubles haussmanniens de Paris, mais encore faut-il s'en donner les moyens. Et accepter le fait qu'urbanisme et environnement sont intrinsèquement liés.

À chaque nouveau projet immobilier que nous lançons à L'Haÿ, nous nous posons toujours cette même question : pourrais-je y vivre avec ma famille ?

Si la réponse est non, copie à revoir…

Cela demande une certaine ténacité, et il n'est pas rare que s'engage avec les promoteurs un véritable bras de fer. Entre l'intérêt général et la recherche du profit. Cela ne me gêne pas du tout ; ils essaient de défendre leurs intérêts, et nous ceux des futurs habitants.

Je me souviens d'un rendez-vous houleux avec le patron d'une société très connue et importante dans la construction immobilière… La géothermie ? Trop chère, il n'en voulait pas. Une très bonne isolation phonique ? Pas rentable. Des espaces extérieurs généreux ? Idem. Alors bon vent !

Plus largement, à l'échelle nationale, il faut casser la stratégie de peuplement. Arrêter d'empiler la misère sur la misère. Pour cela, il faut avoir le courage d'inventer enfin des quartiers où il fait bon vivre.

20.

La valeur des choses

– Si t'es pas content, va bosser !

La phrase prononcée par mon père claque dans mes oreilles. Un recadrage en bonne et due forme… et un goût de défi. En bon adolescent qui veut faire comme les copains, je venais de me plaindre de ne pas avoir de survêtement Adidas à mes parents. Piqué dans mon orgueil, j'apprends en discutant avec Karim – un copain plus âgé des tours marron – qu'il se fait un peu d'argent sur le marché de L'Haÿ. Il me propose de l'accompagner un dimanche. Mon père, curieux de savoir si je tiendrai le coup, accepte : banco !

Le dimanche matin suivant, le réveil sonne à 4 heures. Je me lève difficilement, j'enfile des vêtements un peu trop légers et je rejoins mon « collègue » au marché. Les vendeurs sont en train de déballer leurs marchandises, je propose mes services. Après quelques refus, je finis par convaincre une foraine qui vend des flacons de parfum et des vernis à ongles bon marché. En début d'après-midi, je rentre chez moi totalement frigorifié et courbaturé. Le bruit perçant, strident, des structures métalliques qui tombent au sol, s'entrechoquant, résonne encore dans ma tête. Le poids des cartons empilés par trois, parfois quatre les uns sur les autres semble encore peser sur mon dos. Pourtant, derrière la douleur, je ressens quelque chose de nouveau. Une sensation positive. Une fierté du travail accompli. Dans ma poche, un billet de 50 francs que j'ai gardé en souvenir, comme un talisman. Tout devenait soudainement très concret. Je n'ai plus jamais vu mon père de la même manière, lui qui savait ce que travailler signifiait.

Je me lie d'amitié avec un vieux forain qui continue de bosser, qu'il pleuve ou qu'il vente, alors qu'il devrait être à la retraite depuis bien longtemps.

– Travaille à l'école, sinon tu finiras comme moi..., me lance-t-il.

Je sais au fond de moi que je ne ferai pas cela toute ma vie.

Cela m'aide aussi à mieux cerner ce que traverse alors ma mère. S'étant arrêtée de travailler pour pouvoir s'occuper de mon petit frère et de moi, elle a eu tout le mal du monde à retrouver un emploi ensuite. N'ayant pas de qualifications professionnelles particulières, elle ne peut prétendre qu'à des emplois faiblement rémunérés. Se pose alors la question de notre garde, et du coût que cela induirait. Mes parents font leurs calculs. L'absurdité du système leur saute au visage : si elle travaille, ils perdront de l'argent.

Elle voulait retrouver une activité, en avait l'énergie ; une « logique » folle l'a poussée à y renoncer. Je sais combien son choix la hante encore. Et j'ai mesuré toute ma vie combien cela lui a coûté.

Quelle société peut accepter de fonctionner durablement comme cela ?

La France a une forte tradition sociale. C'est à la fois son ADN et sa fierté. C'est ainsi qu'en cent ans elle a inventé les congés payés, la protection sociale, la solidarité nationale.

C'est donc assez naturellement qu'en situation de plein-emploi elle s'est attachée à offrir aux travailleurs des droits nouveaux. Le salaire minimum lui garantissait une juste rémunération ; les congés payés lui offraient le temps de profiter des fruits de son travail. Il s'agissait alors d'équilibrer une relation entre l'employeur et l'employé.

Puis les droits sociaux sont peu à peu devenus la « protection sociale ». Ce glissement sémantique n'a rien d'anecdotique. Car il n'en fallait pas plus pour que naisse, avec lui, le concept d'« acquis social », figeant dans un temps passé le marché français du travail. Refusant de voir autour de lui le monde qui s'ouvrait, l'arrivée de nouveaux concurrents sur des marchés jusqu'alors cloisonnés, protégeant toujours plus l'employé face aux aléas de la vie professionnelle, hostile à toute forme de risque, notre modèle a peu à peu créé ce qu'un énarque devenu patron, Denis Olivennes, théorisera comme « la préférence française pour le chômage ».

L'image est assez simple : le marché du travail français est devenu une citadelle assiégée. En dressant des barrières infranchissables pour protéger les salariés, elle a verrouillé le monde du travail, en imposant des obstacles titanesques à ceux qui ne demandent qu'à y entrer.

C'est ce à quoi s'était courageusement attaqué Laurent Wauquiez dès 2010. En mettant sur pied un courant qu'il appelait la « droite sociale », il avait pris le parti de poser le débat autour du travail avec un cap simple et élémentaire : le travail doit toujours rapporter plus que l'assistanat. L'ambition était grande et le constat est plus que jamais d'actualité.

L'émotion m'étreint toujours lorsque je repense à mon père me disant avant de partir tôt le matin : « Tu penseras à réveiller maman avant de partir à l'école, d'accord ? » Lui quittait l'appartement aux aurores, à pas de loup. Moi, au moment de prendre mon petit déjeuner, j'entrais timidement dans la chambre de ma mère et la réveillais doucement. Pourtant elle n'était pas malade, ni même affaiblie physiquement. Elle se levait et m'accompagnait parfois autour d'un chocolat chaud vêtue de sa longue robe de chambre.

Quelques heures plus tard, lorsque je rentrais chez nous après l'école, je retrouvais ma mère vêtue de la même robe de chambre. Je revois très précisément la tristesse dans son regard. Une forme de honte, sans doute, voilée par l'habitude. Je partageais son amertume, empreinte de lassitude. Je puise dans ce sentiment toujours vivace une croyance plus forte que tout : le travail rend digne. Il y a dans le désœuvrement, l'« assistanat » institutionnalisé, une forme d'asservissement qui m'est insupportable. Elle renvoie pour moi à l'idée selon laquelle certains ne seraient plus capables. Et à force de le leur dire, de le leur montrer, ils finissent par s'y résigner. Je ne connais pas d'oisifs heureux.

Dans certains quartiers de ma ville, le taux d'inactivité monte à 38 %.

Or, lorsque la boussole des valeurs et de la morale est absente, l'objet d'admiration revêt alors d'autres formes. Et dans ces quartiers où l'État a quasiment disparu et où la famille ne peut plus servir de référence, d'autres figures surgissent. Pour les plus chanceux : la télé, les réseaux sociaux, les idoles. Pour les autres : les dealers, les voyous ou les fous de Dieu offrent le visage de nouveaux modèles à suivre.

Pire encore, celui qui bosse honnêtement est raillé, c'est un *loser* qui peine pour 1 000 euros par mois quand d'autres gagnent sans rien faire 1 000 euros… par semaine.

Sans espoir à offrir, ce sont d'autres forces destructrices qui tiendront lieu de ferment au développement des enfants de France.

C'est l'espoir d'une vie meilleure qui pousse mes parents à n'envisager notre séjour dans la tour que comme une situation temporaire. Trouver un autre logement, peut-être plus calme, où ils seraient propriétaires, a toujours été leur but. Ils économisent patiemment. Mon père, qui est alors chauffeur-livreur, s'efforce d'évoluer au sein de la société qui l'emploie. Il sera directeur des stocks et terminera sa carrière comme directeur des achats.

Avec son nouveau salaire, le projet de quitter la tour refait surface. Justement, il repère une petite résidence à quelques centaines de mètres de là. Mais ses revenus ne suffisent pas pour la banque. La solidarité familiale italienne entre alors en piste. Ils réunissent l'argent manquant sous forme de prêt sans intérêts !

Au revoir le dix-septième étage avec l'ascenseur en panne. Nous n'allons pas très loin, et pourtant c'est un pas de géant. De la fenêtre de notre nouveau logement, je peux voir le balcon de notre ancien appartement. Nous sommes toujours dans la cité, mais nous sommes chez nous.

Mon expérience personnelle et les nombreux exemples dans ma famille, dans des domaines très divers, sont une source inépuisable d'inspiration. Au début de ma carrière professionnelle, j'accompagne des chômeurs longue durée ou au RSA qui, totalement déconnectés du monde du travail, découvrent le frisson d'entreprendre.

C'est au sein de cette structure d'insertion professionnelle que je croise deux jeunes hommes. Dès le premier contact avec eux, il est évident pour moi qu'ils sont inadaptés à un environnement professionnel trop rigide : ils ne tiennent pas en place, n'arrêtent pas de blaguer, sont habillés en survêtement et casquette. Mais ils ont une idée, ils veulent monter une station de lavage automobile écologique, ils y croient dur comme fer. On les aide à faire une étude de marché.

Résultat : ils ont réussi leur pari. Au bout de six mois, ils revendaient déjà leur affaire deux fois le prix qu'ils l'avaient acquise. Et dans la foulée, ils rachetaient une autre station… à quelques dizaines de mètres de l'ancienne.

Leur énergie, leur « faim » de réussir déplaçaient des montagnes. Je n'aurais jamais embauché ces deux amis, mais si j'avais eu les moyens, j'aurais investi avec eux !

Nos quartiers regorgent de ces profils. La course effrénée au CDI est la seule réponse que les gouvernements successifs ont voulu apporter au chômage. Tout en rendant ledit CDI toujours plus protecteur pour ceux qui l'ont, et donc toujours plus inaccessible à ceux qui ne l'ont pas ! Pendant ce temps, l'artisanat, le commerce, l'entrepreneuriat, le travail en free-lance sont ignorés, négligés, dévalorisés. Quelle erreur !

Peu importe la forme, je suis convaincu que la clé ne réside ni dans le contrat ni dans l'emploi salarié, mais dans l'activité.

Lorsque nous remportons la région Île-de-France avec Valérie Pécresse, je deviens vice-président à l'emploi, la formation professionnelle et l'apprentissage. Il est enfin temps de faire bouger les choses à grande échelle.

Le budget « formation des demandeurs d'emploi » de la Région s'élève à plus de 500 millions d'euros par an.

Le domaine me passionne, j'étudie le dossier, et je tombe quasiment de ma chaise. Nous héritons de dix-sept années de gestion au fil de l'eau. On y trouve les formations les plus diverses, de l'informatique aux langues étrangères… Jusque-là rien à redire. Je pose innocemment quelques questions :

– Et les débouchés ?

La réponse des services de la Région :

– Nous nous occupons seulement des formations, mais nous n'avons pas vraiment de visibilité sur ce que font les gens ensuite.

Et pour cause, logique budgétaire oblige : l'enjeu n'était pas tant de proposer des formations efficaces que de remplir les places achetées par la Région. Sous peine de voir ce budget sous-consommé réduit l'année suivante. L'ancienne gestion socialiste privilégiait donc les formations qui « plaisent » aux chômeurs plutôt que celles qui amènent vers l'emploi. Et si vous aviez le malheur d'avoir identifié une formation qualifiante et correspondant à votre profil, mais qui ne fait pas partie des formations achetées par Pôle emploi ou par la Région, alors tant pis pour vous !

L'inadaptation du système me désole, et je mesure alors l'ampleur de la tâche. Les formations étaient proposées sans avoir fait un audit préalable des besoins réels des entreprises et des bassins d'activité locaux. Avec la présidente de la Région, nous avons réformé cela, créé un dispositif d'aides individualisées, que nous ouvrirons d'ailleurs aux entrepreneurs quelques mois plus tard… Une avancée mais tant de batailles restent à mener.

J'ai dans ma commune une zone d'activité dans laquelle on trouve une société leader en France des travaux en hauteur. Leurs ouvriers cordistes interviennent sur la tour Eiffel, l'Arc de Triomphe… Le patron est obligé de faire venir de l'étranger des personnes qualifiées pour répondre aux nombreux contrats. Pourquoi, alors qu'il y a tant de chômeurs ? Simplement parce que cette formation et ce métier n'étaient pas au catalogue.

Comme en deçà d'un certain nombre (cinquante personnes au moins), il était impossible de créer de nouvelles formations, il a fallu là aussi faire bouger les lignes. Le modèle de formation doit également être revu. À la Région, nous avons créé une application d'apprentissage des langues gratuite, novatrice et ludique, fondée sur des extraits de films, de séries, de clips ou encore de documentaires. Sortir des sentiers battus, faire bon usage de la technologie, c'est tout mode de pensée qu'il nous faut changer.

Au bout d'un an, je vais plus loin : je décide de

réunir tous les acteurs de l'emploi, de la formation, les *job boards*, publics et privés, anciens et nouveaux, sous la bannière « La JobTech ». Une centaine d'entreprises, toutes plus innovantes les unes que les autres, défilent alors au siège de la Région, sous les yeux des autres acteurs institutionnels, contents au fond d'être bousculés.

Cet écosystème de l'insertion, sur le modèle de la French Tech, fait des émules. Par dizaines, les partenariats public-privé, voire privé-privé, ont vu le jour à ces occasions. Sans coûter un seul centime au contribuable. C'est aussi ça, la politique : faire confiance aux acteurs de terrain. Il ne s'agit pas de toujours légiférer, codifier, réglementer.

C'est un défi énorme, un de plus, qu'il va nous falloir relever. Sommes-nous prêts ?

21.

Ce que les vandales nous disent

L'affaire s'est déroulée trois jours avant le raid contre mon domicile. Nous sommes peu nombreux dans mon bureau. C'est un appel à l'aide que nous lançons. Mais la ligne téléphonique du commissariat de la police nationale sonne dans le vide. Personne ne répond. C'est nouveau. C'est un des signes de l'effondrement de notre société.

Quelques heures auparavant, la prison de Fresnes qui jouxte notre commune est attaquée par une quarantaine d'individus. Ce n'est pas tout à fait anodin. La sirène d'alerte retentit et se mêle aux détonations continues des tirs de mortier. Tandis que le poste de contrôle subit des jets de cocktails Molotov et de parpaings, juste derrière, les habitations des gardiens et de leur famille, pris au piège, sont en première ligne si les attaquants réussissent à entrer. La situation est tellement tendue que les gardiens font des tirs de sommation en l'air afin de contenir l'attaque, en attendant la compagnie de CRS mobilisée en urgence.

La violence se répand quasi instantanément en ville, stoppée à temps dans le quartier de mon enfance, où les anciens « grands frères » devenus parents descendent pour raisonner les plus jeunes bien décidés à tout casser. Dans un autre quartier, hélas, rien ne semble les arrêter ; le relais mairie est incendié. Cela ne leur suffit pas, le feu appelle le feu, une école primaire est leur prochaine cible. Le directeur qui vit sur place, dans un logement de fonction, va courageusement au contact des jeunes cagoulés, gantés, intégralement vêtus de noir, prêts à mettre le feu au bâtiment. Il tente de les ramener à la raison :

– Pensez à vos petits frères et à vos petites sœurs qui viennent ici.

Ils finissent par se détourner. Son courage sauvera l'école.

Ailleurs, une gardienne de la ville empêche un gymnase d'être brûlé. Avec sang-froid, elle va là encore à la rencontre d'un petit groupe de pyromanes. Elle tente de les raisonner, ils lui ordonnent de sortir avant qu'ils ne mettent le feu. Elle s'obstine, sa fille est dans le bâtiment. Ils finissent par céder mais promettent de revenir le lendemain « tout cramer ».

Les pompiers déployés pour éteindre les départs d'incendie sont à leur tour pris dans un traquenard : attaqués par des individus armés de barres de fer, d'un piolet et d'une hache, ils sont obligés de quitter les lieux.

Les mêmes scènes se produisent dans des dizaines, des centaines de communes, où est l'État ? Qui garantit ce soir la sécurité des personnes et des biens dans ce pays ?

Le jour se lève dans la sidération, l'incompréhension totale face à de tels actes. Il faut nettoyer, dégager les routes, prendre des décisions : une fête de fin d'année dans une école de la ville est même placée sous protection de la police municipale.

Doit-on annuler le conseil municipal prévu ce soir-là ? Nous contactons tous les groupes d'opposition ; il y a un risque réel, mais après concertation, nous maintenons la réunion qui aura lieu dans une version plus courte. Des textes importants doivent être votés, sur le budget notamment, c'est l'intérêt général qui est en jeu. Si nous reculons face aux émeutiers, ils auront gagné.

Au sein de notre police, les agents sont encore sous le choc de la veille. Sur la base du volontariat, ils répondent présent.

Dans la journée, Valérie Pécresse annonce qu'à partir de 21 heures, plus aucun bus ou tramway ne circulera ce soir-là sur le territoire francilien. Le gouvernement, de son côté, annonce une mobilisation plus importante des forces de sécurité dans le pays, nous aurons donc droit à un équipage de police-secours dans chacune des cinq villes de la circonscription. Une décision rare, exceptionnelle même.

Malgré leur professionnalisme et leur engagement, que peut faire pourtant un seul équipage ? Surtout quand il a pour consigne de ne pas « aller au contact » pour ne pas mettre d'huile sur le feu ? Un véhicule face à des dizaines d'énergumènes armés jusqu'aux dents et déterminés à en découdre ?

Ce soir-là, il est 21 h 30, c'est la fin du conseil municipal sous protection policière. Une première en neuf ans de mandat. Il aura duré moins d'une heure au lieu des cinq ou six heures habituelles. Dehors, il fait doux mais personne ne traîne pour discuter. L'ambiance est pesante.

Nos policiers s'équipent. Sur les caméras de vidéo-surveillance encore intactes, nous pouvons voir les émeutiers se regrouper, ils sont plus d'une centaine, venus selon toute vraisemblance du quartier du Jardin parisien.

Sensation étrange et désagréable de savoir que ces individus, en grande majorité, viennent d'ici, ont grandi ici et sont allés à l'école ici.

Ils se dirigent vers le centre-ville. Les premiers tirs de mortier résonnent.

Leur première grosse cible : la nouvelle halle de marché, inaugurée en mars 2022 pour un coût de 12 millions d'euros. Déterminés, ils en brisent les vitres pourtant d'un verre extrêmement résistant. Une fois à l'intérieur, ils fracassent méthodiquement les vitrines des commerçants. Ils ne volent rien, ils ne font que saccager. Nous appelons des renforts mais hélas, l'équipage de police-secours est réquisitionné pour défendre le commissariat qui lui aussi est maintenant assiégé !

Nos agents se rendent immédiatement sur place à bord de deux véhicules : c'est le début des affrontements. Les émeutiers lancent des cocktails Molotov et divers projectiles en direction des agents qui répliquent avec des flash-balls. Le chef de la police municipale est totalement aspergé d'essence par un cocktail Molotov qui l'atteint aux jambes. Fort heureusement, la mèche n'a pas pris. Mais chaque tir de mortier pouvait embraser l'essence.

Les assaillants ne reculent pas face aux tirs de balles de défense. Ils semblent n'avoir peur de rien. Il paraît évident que certains ont consommé des drogues pour se donner du « courage » – celui des lâches. Le danger est encore plus grand.

Dérangés dans leur saccage du marché, ils n'arriveront pas à l'incendier ce soir-là. Mais plus excités que jamais, les voilà qui poursuivent leur chemin. Ils se dirigent vers la mairie quelques dizaines de mètres plus bas. C'est évident : ils vont tenter d'entrer dans le bâtiment pour essayer de le détruire. Nos policiers se précipitent. Ils entrent par l'accès arrière de la mairie et se positionnent pour défendre l'entrée principale du bâtiment. Les vitres du hall sont déjà fissurées mais résistent aux violents impacts des barres de fer et autres piolets. Les portes automatiques du sas d'entrée, elles, ne résisteront pas. La première est franchie.

Toute la violence, toute la rage, toute la puissance de feu se concentre sur cette brèche dans notre défense. Plus angoissants que les bruits de mortiers, plus stressants que les coups qui martèlent les parois vitrées, ce sont les hurlements bestiaux et les cris de rage qui nous glacent le sang. Les agents arriveront au bout d'un long affrontement à décourager les assaillants. La mairie ne brûlera pas ! Cette nuit-là, quatre-vingts balles de défense de flash-balls sont tirées, sur les cent que nous avions en stock.

Mais les vandales, loin de voir leur rage dévastatrice assouvie, se déchaînent.

Ils repartent, et vont consciencieusement détruire toutes les vitrines du centre-ville. Ils ne volent rien, mais les agences immobilières sont saccagées, les ordinateurs pulvérisés. Ils mettent le feu alors qu'elles sont toutes au rez-de-chaussée d'immeubles d'habitation. La vie humaine importe peu.

Au milieu de ce chaos, des habitants sortent de chez eux, notamment notre boulanger et ses employés qui dormaient sur place pour protéger leur commerce. Ils éteignent tant bien que mal les départs de feu, sauvant ainsi plusieurs boutiques.

Je garde encore en tête l'image de ce monsieur qui, simplement muni d'un grand saladier, arrosait depuis sa fenêtre une poubelle en flammes devant son hall d'immeuble. Cela pourrait paraître presque comique, dérisoire, mais c'est l'instinct de vie qui s'exprime, ou de survie. Avec le recul, c'est un miracle qu'aucun immeuble n'ait pris feu.

Les émeutiers continuent. L'agence postale, les distributeurs automatiques. Sur le chemin du retour vers « leur cité », ils croiseront un premier parking public. Toutes les vitres des voitures y passent ainsi que les barrières et les bornes de paiement. Là encore, ils ne volent rien. Ils n'ont que le saccage pour mobile.

Puis avant de se disperser, les vandales mettront le feu à des dizaines de véhicules du conseil départemental.

Ce soir-là, il y a deux France qui s'opposent. Celle qui détruit et celle qui fait face dignement à l'adversité.

22.

Le 20 heures

Dimanche 2 juillet 2023.

Le sol de la véranda est jonché des confettis de la veille. Sur la table du salon, le plateau de jeu semble attendre le prochain lancer de dés, comme un souvenir de la vie d'avant et d'une certaine insouciance enfantine.

C'est désormais une scène de crime, figée entre deux dimensions incompatibles.

Les officiers de la police judiciaire constatent, interrogent les voisins, tandis que les techniciens de la police scientifique, en combinaison, photographient, mesurent, prélèvent minutieusement tout ce qui pourra être éventuellement considéré comme une preuve.

Puis il y a la conférence de presse du procureur de la République de Créteil, Stéphane Hardouin, et ces mots qui claquent :

– Selon les premières constatations, tout laisse présumer que le véhicule a été lancé pour brûler le pavillon… Un accélérant a été découvert dans une bouteille… Compte tenu de la gravité extrême des faits, la tentative d'assassinat a été retenue par le parquet…

Impossible pour moi de dormir malgré la fatigue et le stress accumulés depuis ce mercredi soir et les premières vagues de violence. Heureusement, je ne suis pas seul, mon équipe fait bloc autour de moi, prend tout en charge, afin que je puisse être auprès des miens le plus de temps possible durant la journée. Quelle équipe formidable !

La nouvelle de l'attaque s'est répandue, dans des proportions inimaginables, et les rumeurs les plus macabres circulent. Mes collaborateurs me convainquent d'y mettre un terme en publiant un communiqué officiel. Mes deux téléphones sont inutilisables dès le lever du jour. Des centaines d'appels, de messages, en continu. Des proches, des collègues, ils veulent avoir des nouvelles, sont inquiets, puis ce sont les expressions de soutien, de solidarité, de colère aussi.

Et les journalistes ! La course a été lancée à celui qui trouverait le premier mon adresse dans la nuit, et filmerait les lieux, les carcasses des voitures, la maison, avant que la police établisse un périmètre de sécurité. Je suis tellement loin de tout cela, rien d'autre ne compte que ma famille à ce moment-là. Ce sont mes proches collaborateurs qui me protègent de cet emballement médiatique fou, de ces dizaines et dizaines de sollicitations d'interviews, de plateaux télé. Je leur demande de décliner tout. L'un d'eux me lance avec un brin d'humour :

– Bon, si tu ne dois faire qu'un média, ce sera le 20 heures de TF1 !

Je ne relève pas, je n'ai aucune envie d'aller parler à la télévision ou de répondre à une interview.

Un peu plus tôt dans la matinée, c'est la Première ministre Élisabeth Borne qui m'écrit. Dans son message, tout y est : la surprise, l'empathie… et la garantie que le gouvernement est pleinement mobilisé à nos côtés.

Quelques minutes plus tard, c'est le ministre de l'Intérieur, Gérald Darmanin, qui m'appelle. Ses mots sont forts. Humains. Il m'informe que la Première ministre souhaite se rendre sur place pour nous apporter son soutien. Est-ce envisageable pour moi ? Je suis épuisé, physiquement et moralement. Je n'ai aucune envie de parader ni de m'exprimer. Mais la symbolique, pour la ville, serait forte. Je me décide à accepter. Je pose donc deux conditions : qu'elle vienne à la rencontre des agents de notre police municipale et surtout qu'elle échange avec eux. Quant à moi, que je ne ferai aucune déclaration à la presse qui l'accompagne. Rendez-vous est pris à 11 heures. Avec elle et Gérald Darmanin, Christophe Béchu, ministre de la Transition écologique et de la Cohésion des territoires de France, et Dominique Faure, ministre chargée des Collectivités territoriales.

Tous les trois ont été maires. Élus locaux. Leur compassion est sincère. Je lis dans leurs yeux qu'ils pensent à leurs propres familles. Je reçois la délégation à l'hôtel de ville encore couvert des stigmates des attaques. D'abord dans mon bureau. Puis j'insiste pour que nous descendions saluer les agents et particulièrement notre chef de la police qui, malgré la nuit blanche, est présent.

Chacun à leur tour, ils me disent leur solidarité. Demandent des nouvelles de Mélanie. Des enfants.

Leur présence est un symbole fort. À cet instant, il n'y a pas de politique partisane, il n'est même plus question d'hommes et de femmes, mais de symboles.

Mais ce matin-là, la première à arriver fut Valérie Pécresse. Et pour cause, ironiquement, nous avions rendez-vous. Elle avait prévu de se rendre à L'Haÿ-les-Roses pour constater avec moi les dégâts de la veille sur notre halle de marché. Avec l'efficacité et la pugnacité qu'on lui connaît, elle écourta dans la précipitation un déplacement au Liban pour être aux côtés des maires qui, comme moi, ont vu s'envoler en fumée des années d'efforts et d'investissement. En vingt-quatre heures, elle a remué ciel et terre pour mettre sur pied un dispositif régional d'aide d'urgence pour les mairies touchées que nous avons prévu d'annoncer à cette occasion.

Elle avait été prévenue dans la nuit de ce qui venait d'arriver à ma famille, et ses premiers mots n'ont rien de politique. Elle s'empressa de prendre des nouvelles de Mélanie et des enfants – qu'elle connaît bien – avec beaucoup de sensibilité.

Tout s'accélère le dimanche après-midi, David Lisnard, le combatif président de l'Association des maires de France, appelle à un rassemblement le lendemain midi de tous les maires du pays afin que ceux qui le désirent puissent exprimer leur soutien aux élus attaqués.

À L'Haÿ, les élus, les collaborateurs et tous les gens que nous croisons, tous veulent que nous fassions plus ici et sont prêts à venir aider. Une grande marche solidaire se décide.

Bien qu'en plein dimanche, l'ensemble des services municipaux et des bénévoles se met aussitôt en ordre de bataille pour l'organisation et la logistique.

En milieu d'après-midi, je repasse à la maison. Il n'y a plus de portail. Les deux épaves de voitures ont été retirées. L'avant du jardin est dévasté. Un arbre magnifique est intégralement calciné. Tout est noirci. Les marches sont poisseuses, couvertes d'huile de moteur à l'apparence de pétrole brut. Et l'odeur. J'ai du mal à respirer tant l'odeur de plastique brûlé est omniprésente.

Je devais juste passer prendre quelques affaires. Mais étrangement, l'intérieur de la maison est familier, presque rassurant, protégé. Autant m'y reposer un peu. Juste une heure.

Mon frère passe me soutenir. Son étreinte me redonne de l'énergie. Cette solidarité que je ressens de toutes parts me porte. Mes plus proches collaborateurs viennent me retrouver. Ils me briefent sur l'organisation du lendemain. Se proposent de prendre mes deux téléphones, pour faire le tri dans les messages – mes répondeurs saturent.

Je dois gérer le départ des enfants dans le Sud chez mes beaux-parents, Mélanie est toujours à l'hôpital.

Un message de mon ami Stéphane Layani, président de la société qui exploite le marché d'intérêt national de Rungis, voisin de ma ville et intime du président de la République, me tombe sous les yeux. « Bon sang, Vincent, réponds à ton téléphone ! Le PR essaye de te joindre ! Il a dû te laisser un message. » Je découvrirai un peu gêné en fin de journée que le

Président a tenté trois fois de m'appeler. Évidemment, je n'avais pas son numéro de téléphone.

Parmi les innombrables messages, ceux des anciens présidents Nicolas Sarkozy et François Hollande me touchent beaucoup. Le premier en particulier, venant de celui qui m'a donné, en 2007, l'envie de me battre et la croyance que tout était possible.

Avec l'équipe, on réfléchit à ce que je veux dire le lendemain. Je les surprends :

– Pas de colère, de l'espoir.

Je pense à mon garçon, je pense à ma petite fille. Il y a déjà trop de colère. Trop de désespoir. Je ne veux pas être un décliniste de plus.

– Ils méritent un monde meilleur.

C'est naïf, mais c'est ce qui me porte à ce moment-là. Et ce monde meilleur ne verra le jour que si collectivement nous portons un espoir...

Toujours en pleine réflexion, Clément, qui travaille avec moi depuis des années à la région Île-de-France où il est un véritable bras droit, vient me trouver.

Il avait tout quitté en pleine nuit dès qu'il a été prévenu de l'attaque. Il n'a pas dormi non plus. Il sait que je ne veux pas répondre aux médias, mais il sait aussi tout ce que m'a dit Mélanie. Alors il m'annonce :

– La rédaction du journal de 20 heures de TF1 veut t'inviter ce soir même !

Je suis prêt à refuser :

– Mélanie va être opérée en fin de journée, je n'ai pas dormi depuis des jours...

Il me comprend :

– Appelle Mélanie, demande-lui ce qu'elle en pense.

Encore une fois, elle a les mots justes :

– Vas-y, mais vas-y pour que cela serve à quelque chose. Que ça ne recommence plus. Que ça cesse !

Direction la tour de TF1 à Boulogne-Billancourt, en bord de Seine. Clément conduit. J'en profite pour fermer les yeux. Dans un demi-sommeil, je fais le point, ou du moins j'essaie. Avec la fatigue, le contrecoup et, au fond – ce que je ne m'avoue pas encore –, le traumatisme, je n'ai pas les idées claires. Je suis comme figé dans un long instant présent. Ma mémoire remonte péniblement avant l'attaque et ma capacité à me projeter dans le futur est quasi nulle.

Sensation étrange, mais probable mécanisme naturel de défense. De même, je constate que j'ai peu ou pas d'émotions. C'est difficile à décrire, les émotions sont là mais comme en sourdine. Comme si mon cerveau m'en protégeait en partie. Heureusement, dans la voiture, quand je reçois l'appel qui me confirme que l'opération de Mélanie s'est bien passée et qu'elle est en salle de réveil, je souffle de soulagement et la joie est là.

Quelques instants avant l'interview, je suis ailleurs, perdu dans mes pensées. C'est bientôt à moi. Je suis déjà en plateau, les spots éblouissants, les caméras, le décompte qui résonne dans les haut-parleurs. Anne-Claire Coudray est là, bienveillante, chaleureuse. Sa compassion est sincère. Je n'ai pas conscience de parler devant des millions de téléspectateurs.

Sa première question :

– Comment allez-vous ?

– Nous sommes exténués, en colère, tristes, on a peur mais on tient debout. Je n'aurais jamais imaginé mettre en danger ma famille parce que j'étais engagé au service des habitants...

J'enchaîne sur tout ce que nous avons perdu depuis bien trop longtemps :

– Dans ces quartiers où j'ai grandi, il y avait un vrai vivre-ensemble, mais cela a totalement disparu, entre voisins, entre communautés, au sein même du noyau familial où les enfants n'hésitent pas à frapper leurs propres parents... Il n'y a plus de services publics, de commerces, de mixité... C'est la force publique qu'il faut recréer. Qu'une colère saine nous réveille sans que nous tombions dans la haine. Que notre malheur serve à améliorer la situation, cela le rendrait moins douloureux. Il faut un sursaut, arrêter de détourner le regard !

Les minutes s'écoulent en accéléré, j'aurais tellement à dire, je parle très vite, je suis en apnée. C'est déjà fini.

Anne-Claire Coudray lance le sujet suivant : l'été arrive et avec lui le vin rosé dont les prix explosent. Un choc. Je revois les barricades, les feux, les cocktails Molotov. À cet instant précis, je comprends qu'il y a deux France. Une partie du pays qui a vécu une quasi-insurrection et une autre qui est très loin de ça, et qui a heureusement été épargnée.

Peut-elle, cette France, comprendre ce qui s'est passé et ce qui se joue désormais pour nous ?

Il y aura une prochaine fois, j'en suis intimement persuadé.

Jusqu'où cela ira-t-il ? Impossible de le savoir, mais

si nous ne prenons pas la mesure réelle de ces événements et n'agissons pas en profondeur, alors nous sommes tous condamnés à vivre des périodes de plus en plus sombres.

23.

La marche

La veille de la marche, juste après le 20 heures, mon équipe m'a convaincu d'accepter une grande interview au *Parisien*, où je pourrai y développer plus en détail mon appel au sursaut. À 7 heures du matin, un SMS s'affiche sur l'écran de mon téléphone, venant d'un journaliste en vue d'une rédaction concurrente. « Désolé, monsieur le maire, mais pas très réglo l'itw accordée au *Parisien*. Très déçu. » Nous ne nous connaissons presque pas. Nous sortons d'une nuit d'horreur mais l'ego de certains journalistes n'est jamais au repos. Quel manque de tact, d'humanité en pareilles circonstances ! À vrai dire, je connais peu le monde des grands médias politiques. Mais fort heureusement, cet épisode n'est pas à l'image de ce que j'ai vécu avec tous ses confrères. Quelques jours plus tard, je recevrai dans mon bureau une autre journaliste politique. L'entretien se déroule dans une atmosphère particulière mais ce qui se produit à la fin me bouleverse. Alors que je m'apprête à la raccompagner, elle sort de son sac deux petits paquets : ce sont des cadeaux pour mes enfants qu'elle a achetés avant de venir. Je suis sous le choc, ce moment d'humanité m'émeut profondément.

Essayant de récupérer un peu d'énergie, je relis au calme le discours que je vais prononcer à la fin de la marche. Il manque quelque chose pour qu'il soit encore plus porteur d'espoir. « Ils [les émeutiers] étaient deux cents. » Je rectifie : « Ils n'étaient “que” deux cents. » Dans une ville de trente mille habitants. Oui, ils ne sont « que » quelques milliers en France, nous sommes des millions !

Des alertes sur mon téléphone, de notre boucle WhatsApp : « On est débordés ! », « Ça arrive de partout ! ».

Les rues sont pleines de monde, d'embouteillages, impossible pour moi d'accéder au centre-ville en voiture. J'irai donc à pied.

On ne vantera jamais assez les vertus psychologiques de la marche, j'ai l'impression de respirer un peu. Ces quelques minutes, malgré la lourde chaleur, je les accueille comme un répit bienvenu.

Des klaxons, des mains qui saluent, des sourires, beaucoup de sourires chaleureux. Des habitants qui applaudissent depuis leurs balcons. Des visages connus ou inconnus ; plus surprenant encore, il y a beaucoup d'adolescents et d'enfants. C'est incroyable.

Rendez-vous a été donné aux élus dans l'arrière-cour de la mairie. En arrivant, l'émotion me submerge. Tant de visages familiers. Tous ont un point commun : une écharpe tricolore sur l'épaule droite. L'image ressemble tellement à ce pour quoi je me bats que les larmes me montent aux yeux. Le message est formidable. Parmi eux, l'avocat et maire du

XVIe arrondissement de Paris, Francis Szpiner qui, quelques heures plus tôt, m'avait affectueusement proposé de me représenter *pro bono* dans les suites judiciaires de l'affaire. Je vois aussi François-Xavier Bellamy qui, depuis des années, réclame au Parlement européen davantage d'outils législatifs pour défendre la sécurité de notre pays. Il y a aussi les parlementaires du Val-de-Marne, le sénateur Christian Cambon, le député Michel Herbillon. Il y a tant de collègues de la Région, tant de collègues maires… et bien sûr, tous mes précieux élus du conseil municipal.

L'homme qui a vécu un choc énorme se sent soutenu au-delà de ce qu'il pouvait imaginer. Le maire, le citoyen engagé se dit que tout est possible désormais. Nous sommes un lundi après-midi, en semaine, on comptabilisera plus de trois mille personnes présentes pendant la marche et le discours. Il n'y a jamais eu un tel rassemblement dans la ville. J'en ai des frissons, le cœur s'emballe, mais pour de bonnes raisons cette fois-ci.

Nous défilons. À mes côtés, Valérie Pécresse, Gérard Larcher, Éric Ciotti, des élus de tous bords, des citoyens de tous horizons.

Je repense encore à l'étreinte que me donne Latifa Ibn Ziaten, mère d'Imad Ibn Ziaten, premier militaire assassiné à Toulouse par le terroriste Mohamed Merah. En cet instant, elle est la bienveillance incarnée. Je connais son histoire, je connais sa force de résilience. Au moment où elle me serre dans ses bras, je pense : « Elle est là, si forte, alors qu'elle a perdu son fils, moi j'ai serré mes enfants dans mes bras ce matin et j'ai embrassé ma femme. Je n'ai pas à me plaindre. » Mes épaules sont soudainement plus légères.

Soudain une *Marseillaise* est entonnée. Il y a celle

des stades de foot, pleine de fierté et de joie, celle des commémorations, où l'on rend hommage à ceux qui se sont battus et ont sacrifié pour nous leur vie. Celle-ci englobe tout, un chant de lutte pour nos valeurs abîmées, piétinées, un appel au sursaut, un cri d'espoir.

J'espère tellement que Mélanie regarde la télévision dans sa chambre d'hôpital.

Cette foule si dense, si bienveillante, si solidaire, si forte m'apporte un sincère réconfort. C'est pour moi un moment très particulier, unique. La gamme des émotions ressenties, le contact physique avec les proches, mais aussi avec des inconnus qui me tendent les bras comme si nous étions de vieux amis, l'atmosphère lumineuse et extrêmement positive qui se diffuse dans l'air, en total contraste avec les épisodes traumatiques des nuits précédentes. C'est impalpable, et pourtant, j'ai la sensation que je pourrais presque la toucher du bout des doigts tant l'énergie est forte.

Pour une poignée de criminels qui montre le pire de l'homme, des milliers de voix nous montrent le meilleur ! Durant le discours, d'autres *Marseillaise* spontanées, des « Ça suffit ! ». Lorsque j'évoque le courage de ma femme, des gens scandent son prénom… C'est à la fois très beau de sentir que des gens la soutiennent dans cette épreuve et très étrange. L'intime se mêle à la foule de façon naturelle, rien n'est forcé, tout n'est que bienveillance.

J'ai appris qu'une professeure de français d'un lycée voisin a fait étudier à ses élèves le discours que j'ai prononcé ce jour-là pour un devoir. Elle m'a gentiment permis de lire certaines des copies rendues, c'était absolument poignant…

Durant les jours qui suivent, ce sont des dizaines de milliers de lettres, de cartes, de mails venus de tous les coins de France, de l'étranger même, qui sont envoyés à la mairie.

Dans de telles circonstances, les mots me manquent pour décrire la gratitude et l'émotion que ces marques de bienveillance nous ont apportées. Les émotions ne sont jamais bien loin lorsque j'y repense et que je relis certains messages.

Nous ne sommes pas seuls.

Comment imaginer un seul instant abandonner le combat ?

24.

14 000 portes

– Je serai votre candidat pour les prochaines élections municipales, auriez-vous quelques minutes pour répondre à notre questionnaire ?

Tout a commencé là, à L'Haÿ-les-Roses en 2013.

Un couloir d'immeuble mal éclairé. Je viens de frapper à la porte de l'appartement, à mes côtés mon binôme. Une dame brune, cheveux courts, a ouvert, en me lançant un « Qu'est-ce que vous faites là ? » plein de méfiance.

– Oh moi, la politique, ça ne m'intéresse pas... parce que les politiques sont tous les mêmes, ils s'intéressent à nous que le jour des élections.

Si nous voulons réellement recréer une relation de confiance entre les citoyens et les élus, il faut retourner se battre sur le terrain.

Dans ce processus, le maire est un élément charnière. Il est en première ligne ou « à portée d'engueulade », selon la formule souvent répétée par Gérard Larcher, actuel président du Sénat.

Quelque temps auparavant, en octobre 2012, le maire socialiste de l'époque a démissionné à la suite de sa mise en examen. Il était en place depuis vingt-quatre ans. C'est son ancien adjoint aux finances qui assura la transition en attendant les échéances électorales prévues en mars 2014.

Alors que j'avais quitté la ville de mon enfance pour mes études supérieures, j'étais de retour, mais plus tout à fait le même. La promesse du gamin de 14 ans de ne jamais élever ses enfants ici s'est transformée en un désir de plus en plus fort d'aider à réparer les fractures de notre société, notamment dans ces quartiers que j'avais tant souhaité fuir.

Je me sens alors prêt à m'investir pour la bataille des municipales. Autour de moi, les militants me poussent à me présenter en tête de liste. Je suis jeune, 27-28 ans, je connais bien ma ville, et j'ai envie de faire changer les choses. J'accepte l'aventure bien conscient du défi que cela représente.

Ce territoire vote historiquement à gauche depuis plus de soixante-dix ans et, bien que le mandat du dernier maire ait été terni par de nombreuses affaires, nous savons que ce sera difficile. Nous partons avec un sacré handicap.

Dès 2012, soit deux ans avant les élections, nous lançons la campagne.

L'objectif, en commençant si tôt : aller frapper aux 14 000 portes que compte la commune, pour aller voir les habitants, les écouter !

Retour dans ce couloir d'immeuble peu accueillant :

– Les politiques sont tous les mêmes, ils s'intéressent à nous que le jour des élections…

À peine a-t-elle fini sa phrase, avec un ton empli de

lassitude, qu'elle se fige, le visage un peu interrogatif. Les élections ? C'est dans longtemps, non ?

La conversation dure une heure. Elle nous donne ses vérités. Elle est infirmière, venue de province pour le travail, elle est inquiète pour ses enfants tant elle a entendu de choses négatives sur les écoles du secteur, l'insécurité, le harcèlement, elle trouve les gens très individualistes… Elle est la meilleure juge de sa réalité.

Les zones pavillonnaires, les immeubles HLM, les gens aisés, ceux qui galèrent, les salariés trentenaires, les mères au foyer… Des milliers de vies, autant de visions de leur environnement, de ce qu'il faudrait changer ou améliorer.

Tout cela nourrira notre programme municipal. Écrit par eux et pour eux. Parallèlement au porte-à-porte, nous organisons tous les mois des réunions publiques à thème. L'occasion d'exprimer la souffrance, la colère, le désespoir parfois. Tant d'exemples choquants, de tranches de vie poignantes. Ça marque, ça donne du sens et encore plus l'envie d'agir.

Je l'ai vécu durant cette campagne de proximité, dès que les citoyens sentent qu'ils sont respectés et entendus, leur vision du responsable politique évolue.

C'est vrai que la classe politique n'a pas toujours bonne presse. Il y a, j'imagine comme partout, des coups bas, des coups tordus, des trahisons…

Combien de fois me suis-je posé la question : Faut-il continuer ? À quoi bon ? Qu'est-ce que je fais là ? Chaque fois, c'est la voix de ma grand-mère qui m'a fait continuer. Elle avait un dicton, que j'ai fait mien : « Si tous les dégoûtés s'en vont, il ne reste plus que les dégoûtants ! »

25.

Thérapie de groupe à l'Élysée

Le président m'avait donc laissé plusieurs messages, promettant de me rappeler pour un entretien de vive voix.

Lorsque je les écoute enfin, il y a de l'émotion dans sa voix. Des silences entre les mots, les phrases laissent entendre la sincérité du propos. Pas juste une phrase débitée mécaniquement sur un répondeur par devoir.

C'est cette impression de sincère désolation et de profonde compassion que je ressens lorsque, ayant enregistré ses différents numéros, je finis par décrocher. Je suis aux côtés de Mélanie dans sa chambre d'hôpital. Les mots sont là. « La République est à vos côtés », « Soyez assurés que tous les moyens seront déployés pour que justice soit faite ». Il me demande des nouvelles de Mélanie. Je lui dis qu'elle est à côté de moi. Il me demande si elle est disposée à lui parler. Après une hésitation, elle me fait signe que oui.

Là encore, les formules sonnent juste pour témoigner sa solidarité.

Mais les mots s'arrêtent quand Mélanie lui dit d'une voix troublée par l'émotion :

– Je me suis sentie bien seule, monsieur le président. Dans le jardin ce soir-là, mais aussi pendant les émeutes. On était abandonnés !

Long silence. Ce n'est pas tant une critique qu'un constat que fait Mélanie. Pas de renforts, pas de munitions, pas de couvre-feu... Mélanie reprend et lui explique qu'en fait ça fait des mois et des années qu'à l'échelon local on sent l'État reculer et que ce sentiment d'abandon progresse.

Comme toujours, elle m'impressionne. Cette droiture, cette franchise, cette combativité.

Le président lui répond aimablement et indique déjà de façon plus « politique » qu'il comprend et qu'il fait le maximum pour redresser la situation.

Quatre ans après le grand débat d'Évry-Courcouronnes...

Le président invite à l'Élysée les maires dont les communes ont été touchées par les émeutes. Nous sommes presque trois cents à faire le déplacement des quatre coins de la France.

C'est en compagnie de mon ami David Lisnard que j'arrive devant l'Élysée. Nous gravissons les marches du perron, les journalistes présents en nombre m'interpellent. Je file à l'intérieur sans faire la moindre déclaration. L'attente est immense, la situation exige des réponses, mais surtout des actes. Cependant, très vite, une étrange sensation m'envahit...

Nous sommes dans la salle des fêtes de l'Élysée, bien loin de celle de Courcouronnes... et pourtant, j'ai comme une impression de déjà-vu. Allons-nous revivre le grand débat ?

J'ai l'impression de revoir les mêmes scènes, ou plutôt les mêmes mises en scène. Certains de mes collègues, venus de loin, sont arrivés deux heures avant le début de la réunion et attendent bien sagement assis. Nous sommes tous épuisés, les visages sont marqués, certains craquent en racontant les nuits précédentes où leurs communes ont été attaquées. L'un d'eux a les yeux qui brillent, près de fondre en larmes en évoquant l'attaque qu'il a subie. À chacun d'énumérer dans une triste litanie les dégâts : crèches, bibliothèques, écoles, Restos du cœur, mairies… Nous sommes dans le concret, celui qui écorche, et auquel il va falloir apporter des réponses rapides. Quelle va être la réponse de l'État ?

Tout est assez flou, de prise de parole en prise de parole, la réunion se transforme en thérapie de groupe. Ma femme est à l'hôpital. Elle sort dans quelques heures.

– Qu'est-ce qu'on fait là ?

Les premiers sièges commencent à se vider. Mes collègues sont nombreux à partir en cours de réunion. Dépités.

Certains disent même se sentir instrumentalisés pour « faire de belles images ». La réunion avait à peine commencé que les dépêches AFP tombaient déjà pour annoncer ce que le président était censé nous avoir dit. Le service de presse de l'Élysée ne voulait sans doute pas manquer les journaux du soir…

Nous sommes bien seuls avec la pénible impression d'avoir été, une fois de plus, les dindons de la farce.

Ma patience, déjà éprouvée, a atteint ses limites. Déçu, c'est dans un état de fatigue extrême que je quitte à mon tour cette réunion qui se sera avérée totalement vide de toute solution.

Mélanie doit sortir de l'hôpital d'un moment à l'autre, ma place est à ses côtés, pas ailleurs.

26.

Le chaos ou le sursaut

Enfant, lors des longues vacances dans les massifs italiens, j'ai vite appris combien la montagne était intimidante. Qu'il faut parfois savoir temporiser, et même faire marche arrière, pour rester vivant. Retenter le coup, plus tard, lorsque les conditions seront plus favorables.

Je sais aussi que rien de grand, dans une vie, ne se fait en coup de vent, à toute vitesse. Avancer pas à pas, l'un après l'autre. Mais avec force et détermination. L'écrivain Sylvain Tesson, que j'ai eu le plaisir d'accueillir à L'Haÿ-les-Roses, le dit mieux que quiconque dans son *Axe du loup*.

En France, la montagne devant nous, c'est le Mont-Blanc dans la tempête. Nous avons une montagne de défis à relever : éducation, sécurité, cohésion nationale, santé publique, laïcité à restaurer... Et nous devons les relever au moment où le monde entier s'embrase. Où les violences terroristes et les conflits étrangers, si lointains, s'importent chez nous par des marchands de malheur. Ceux qui prospèrent dans le chaos, la haine et la violence.

Jamais je n'oublierai les déclarations du leader de l'extrême gauche insurrectionnelle, Jean-Luc Mélenchon, deux jours avant que ma famille soit attaquée : « Ne touchez pas aux écoles… » Blanc-seing pour le reste ! Je n'ai donc pas été surpris d'entendre le même homme et la même mouvance, ayant au fond la haine de la démocratie, ne pas condamner les actions terroristes du Hamas le 7 octobre 2023. Nous sommes dans la même filière : le pire legs de notre pays au monde – à savoir la Terreur – dont cette extrême gauche française violente est issue. Le mot « terroriste » date de 1794 ; il vient directement de là.

Il faut savoir nommer et regarder ses adversaires en face, pour mieux les combattre. Et pour mieux rassembler nos forces, qu'elles soient de droite, de gauche, du centre, pour défendre la démocratie, la liberté, la méritocratie, l'égalité des chances et la prospérité partagée.

Dans la France de 2023, on ne joue plus. Ce sera eux, ou nous. Les marchands de haine, de violence et de mort, qui détestent l'histoire de France, le peuple français, la démocratie et la liberté – comme l'atteste leur propre fonctionnement. Ou nous, qui croyons en la France, coûte que coûte ! En notre destinée commune, que nous soyons juifs, chrétiens, musulmans, bouddhistes… ou non croyants, d'origine bretonne, algérienne, italienne, marocaine ou picarde.

Nous connaissons notre Histoire, et nous savons où nous allons. En quinze siècles d'histoire commune, depuis le sacre de Clovis, nous avons traversé trop d'épreuves, franchi trop de précipices, subi autant de défaites que célébré de victoires, pour imaginer que notre Histoire s'arrête là.

Sans doute y a-t-il des centaines de milliers de personnes en France qui veulent la mettre à bas. Les uns, pour en faire un califat islamiste ; les autres, un gigantesque supermarché de la drogue ; les derniers, une Commune sanglante basculant dans la Terreur et la dictature.

Ces forces existent ; il faut les regarder en face. Et choisir, ensemble, le sursaut plutôt que la mort. Le sursaut démocratique. Il faut combattre pied à pied sur le terrain des idées ceux qui ne se reconnaissent pas dans notre République laïque et universaliste, pour qu'ils ne contaminent plus d'autres esprits.

Pour reprendre le vocabulaire propre à l'époque des Lumières, je crois en l'amorce d'une régénération de notre pays. Le début d'une nouvelle ère. Cela ne doit pas nous faire peur.

Il ne peut pas y avoir de nation si nous ne pouvons répondre à ces questions : pourquoi sommes-nous français ? Quelles sont nos singularités ? Comment les transmettre ? Pourquoi et comment voulons-nous vivre ensemble ? Au nom de quelles valeurs voulons-nous avancer ?

Nous sommes les seuls capables de faire cet exercice. Personne ne le fera à notre place. N'attendons plus un homme providentiel, n'attendons plus après « les politiques » ou simplement après les autres. Le sursaut doit venir de chacun d'entre nous. De tous ceux qui aspirent tout simplement à vivre en paix et à réussir ensemble. Autrement dit, c'est aux Français de sauver la France !

Il nous faut trouver la bonne méthode.

Heureusement, notre Histoire regorge d'exemples où, grâce à de grandes concertations, le pays a pu surmonter des crises majeures. Déjà les tribus gauloises y avaient recours sous l'Empire romain. Leurs grandes assemblées évoluèrent au fil des siècles vers la formule des États généraux. Le roi Philippe le Bel s'en servit en 1302 pour unifier le pays et empêcher la guerre. Au total, ce sont trente-quatre grandes réunions qui ont été provoquées tout au long de notre Histoire pour régénérer une France en crise. Éviter la ruine du pays, financer la guerre de Cent Ans, gérer l'après-Saint-Barthélemy, pacifier les esprits… Autant d'exemples très concrets qui ont prouvé l'efficacité de ce système de dialogue social à grande échelle au fil de notre Histoire.

L'essayiste Édouard Tétreau a signé un remarquable texte à ce sujet, qui est pour moi une source d'inspiration. Au lendemain des mouvements de contestation des Gilets jaunes, ce dernier parle des « États généraux » comme de « la dernière chance de réécrire sans violence le contrat social de la nation ». Les mots sont forts. Ils résonnent encore plus justement après les émeutes.

Le potentiel pour réussir ce challenge, nous l'avons. Tous les ingrédients sont là, ils ne demandent qu'à être réunis.

Les États généraux du futur doivent nous servir pour écrire un nouveau récit commun et mettre à contribution toutes les énergies.

Contrairement à cette caricature que fut finalement le grand débat, aucun sujet ne doit être mis sous le tapis. Tout doit pouvoir y être évoqué. Je pense notamment à la souveraineté, à l'identité nationale, à la religion, à l'immigration, à la laïcité… autant de sujets que le gouvernement avait refusé d'aborder lors du grand débat.

Il n'y a pas de fatalité. Croire cela, comme les prophètes de malheur de l'extrême droite qui se repaissent de scénarios de guerre civile, de grand remplacement et rêvent d'articles 16 (les pleins pouvoirs donnés au Président) et 36 (l'état de siège) de la Constitution, c'est choisir la mort plutôt que le sursaut.

À nous de relever ce défi ensemble, aussi pacifiquement que possible, grâce aux outils que nous lègue notre longue Histoire. Mais à nous de le faire vraiment, avec force, sans laisser nos adversaires poursuivre leur expansion.

Cela implique un sursaut d'élan vital, une prise de risque et même « le goût du risque », pour citer le livre coécrit par Patrice Franceschi, le dernier aventurier français.

Nous avons connu deux guerres mondiales. Mais l'heure des choix décisifs s'offre à nouveau à nous : ce sera le sursaut français, le sursaut républicain, ou la disparition de tout ce qui nous a construits depuis quinze siècles.

Sans le moindre doute, je choisis le sursaut. Et vous ?

Remerciements

Je tiens à remercier celles et ceux sans qui cet ouvrage n'aurait pas pu voir le jour.

Merci aux élus dévoués qui composent l'équipe municipale de L'Haÿ-les-Roses.

À ma merveilleuse équipe qui m'accompagne aussi bien en mairie qu'au conseil régional.

Merci à Sarah, Clément, François, Laurent, qui sont aussi talentueux que solides. Ils sont de véritables serviteurs de l'intérêt général. Engagés pour ce qui est juste. C'est devenu si rare. Je suis si chanceux de les compter parmi mes proches.

Merci à toute l'équipe d'Albin Michel pour sa bienveillance et bien sûr à mon éditeur, Alexandre Wickham, qui a soutenu avec une ténacité rare ce projet du début à la fin. Et aussi au PDG de la maison, Gilles Haéri, qui depuis le début a voulu ce livre.

Merci aussi à Jean-Christophe, ce passionné de cinéma, de rugby et d'Italie, de m'avoir aidé à formuler mes idées.

Merci enfin à mon ami Kévin, qui m'a aidé à sauter le pas pour accepter de me lancer dans l'écriture de ce livre.

Table

Avant-propos 9

1. Le silence avant la tempête 13
2. « On va vous cramer vivants » 20
3. On les appelait les tours marron 27
4. Bleu Blanc Rouge 32
5. « Ça va recommencer ! » 38
6. Des fils barbelés 41
7. « Nous ne serons pas des victimes ! » 52
8. Acteur plutôt que spectateur 56
9. La menace islamo-séparatiste 59
10. Une bureaucratie dans toute sa splendeur 65
11. La première des libertés 72
12. Classements sans suite 81
13. Interdit d'interdire 90
14. Sévices publics ? 93
15. Les ennemis de l'intérieur 98
16. L'école, escalier social ? 104
17. Le sens de la famille 110
18. « Qu'avez-vous fait de nos idées, monsieur le président ? » 115

19. Quartier à vivre… ou à survivre ? 121
20. La valeur des choses 125
21. Ce que les vandales nous disent 134
22. Le 20 heures 140
23. La marche 149
24. 14 000 portes 154
25. Thérapie de groupe à l'Élysée 157
26. Le chaos ou le sursaut 161

Remerciements 167

Composition : Nord Compo
Impression : CPI Bussière
Éditions Albin Michel
22, rue Huyghens, 75014 Paris
www.albin.michel.fr
ISBN : 978-2-226-49018-6
N° d'édition : 25758/01 – N° d'impression : 2074382
Dépôt légal : janvier 2024
Imprimé en France